人文社科
高校学术研究论著丛刊

汉语词汇与文化

薛维谦 王 珍 著

中国书籍出版社
China Book Press

图书在版编目 (CIP) 数据

汉语词汇与文化 / 薛维谦, 王珍著. -- 北京：中国书籍出版社, 2022.8
　　ISBN 978-7-5068-9150-9

Ⅰ.①汉… Ⅱ.①薛…②王… Ⅲ.①汉语-词汇-研究②汉语-文化语言学-研究 Ⅳ.① H13 ② H1-05

中国版本图书馆 CIP 数据核字（2022）第 155051 号

汉语词汇与文化

薛维谦　王　珍　著

丛书策划	谭　鹏　武　斌
责任编辑	毕　磊
责任印制	孙马飞　马　芝
封面设计	东方美迪
出版发行	中国书籍出版社
地　　址	北京市丰台区三路居路 97 号（邮编：100073）
电　　话	（010）52257143（总编室）　（010）52257140（发行部）
电子邮箱	eo@chinabp.com.cn
经　　销	全国新华书店
印　　厂	三河市德贤弘印务有限公司
开　　本	710 毫米 × 1000 毫米　1/16
字　　数	222 千字
印　　张	14
版　　次	2023 年 3 月第 1 版
印　　次	2023 年 3 月第 1 次印刷
书　　号	ISBN 978-7-5068-9150-9
定　　价	86.00 元

版权所有　翻印必究

目 录

第一章　汉语·汉字·汉文化 ……………………………………… 1
　　第一节　语言与文化的关系解读 ……………………………… 1
　　第二节　汉语、汉字与汉文化的类型特质 …………………… 14

第二章　汉语词汇的语义分析 …………………………………… 18
　　第一节　词和语素 ……………………………………………… 18
　　第二节　构词与造词 …………………………………………… 27
　　第三节　词义研究及发展演变 ………………………………… 35
　　第四节　词汇的选用原则及意义选择 ………………………… 53

第三章　汉语词汇产生的文化基础 ……………………………… 61
　　第一节　汉语文化词汇的界定与特点 ………………………… 61
　　第二节　现代汉语词汇系统中蕴含的多层文化信息 ………… 64
　　第三节　意识文化、制度文化对汉语词汇的影响 …………… 70
　　第四节　汉语词汇观念与传统价值观、思维方式 …………… 76

第四章　物质文化类汉语词汇研究 ……………………………… 90
　　第一节　汉语词汇与饮食文化 ………………………………… 90
　　第二节　汉语词汇与服饰文化 ………………………………… 108
　　第三节　汉语词汇与农耕文化 ………………………………… 125
　　第四节　汉语词汇与生活起居文化 …………………………… 129
　　第五节　汉语词汇与交通行运文化 …………………………… 132

第五章　制度文化类汉语词汇研究 ……………………………… 136
　　第一节　汉语人名的文化取向 ………………………………… 136
　　第二节　汉语成语的文化凝聚 ………………………………… 141
　　第三节　汉语称谓词的文化透视 ……………………………… 148

第四节　汉语禁忌词的文化制约……………………………… 155
第六章　地域文化类汉语词汇研究……………………………………… 163
　　第一节　汉语地名的文化特征……………………………………… 163
　　第二节　汉语数字词的文化解析…………………………………… 168
　　第三节　汉语色彩词的文化印记…………………………………… 174
　　第四节　汉语动物词的文化联想…………………………………… 180
　　第五节　汉语植物词的文化积淀…………………………………… 190
第七章　汉语词汇与中外文化交流……………………………………… 195
　　第一节　汉语交际的礼貌语………………………………………… 195
　　第二节　社交汉语的文化透视……………………………………… 199
　　第三节　汉语外来词的文化探究…………………………………… 201
参考文献…………………………………………………………………… 214

第一章　汉语·汉字·汉文化

汉语在长期的历史演变与发展过程中形成了相对稳定的体系内容，一直以来，人们都热衷于对汉语及其文化展开深入研究，从而帮助人们对这一语言有一个充分、全面的了解。本章重点研究汉语、汉字、汉文化的相关基础知识，从而为下文的展开做好铺垫。

第一节　语言与文化的关系解读

一、语言

（一）语言的界定

在日常生活中，"语言"一词的意义是松散的，从下面的例证中即可得到证实。
（1）没想到他竟然用那样刻毒的语言来辱骂邻居。
（2）我无法用语言来表达我此刻的心情。
（3）拉丁语是一种死亡的语言。
（4）我从来没有听人说过美国印第安人的土著语言。
（5）——你知道为什么猫会像狗一样"汪汪"叫吗？
——它是在学着说一种外国的语言。
观察语言的时候，我们首先遭遇的是某一种或若干种类的语言。比如，我们平时用于交流的汉语和英语等，它们是不同种类的语言。
可是，什么是语言学视域中的语言呢？我们应该如何理解语言？它是科学研究确定的对象吗？它是抽象的存在还是具象的模式？它是有待证实的理论抑或是毋庸置疑的结论？

历代语言学研究者都曾尝试界定语言学视域中的语言：梵语语法学家帕尼尼（Panini，约公元前4世纪）认为：语言有两种，一种是在具体场合说出来的话，即外显性的表达；一种是抽象的语言原则，即语言符号统一体。

古希腊卓越的斯多葛派（the Stoic）认为：语言包含三个方面。

第一是语言的声音或者材料，这是一种象征或者符号。

第二是语言的符号意义，即言说的内容。

第三是符号所代表的外界事物。

中世纪以思辨语法而著称的摩迪斯泰学派（Modistae）认为，语言是约定俗成的，词形与词义之间没有天然的、内在的联系；自然界和语言结构都是有规律的，自然界和语言都具有自己的系统，都是由有限的单位按照有限的规则组成的。

美国语言学家惠特尼（William Dwight Whitney）认为，语言是说出来的、听得见的符号；人类社会的思想主要就是通过这种符号进行表达的。我们把语言看成是一种制度，正是许多类似的制度构成了一个社会集团的文化。[1]

现代语言学奠基人索绪尔（Ferdinand de Saussure）指出："……语言是一个通过言语实践而贮藏于某一社会集团全体成员之中的宝库，是一个潜存于每个大脑之中的语法体系，更为确切地说，是一个潜存于一群人大脑中的语法体系，因为语言在任何一个大脑中都是不完备的，它只有在群体中才得以完整存在。"

今天的语言学在先前研究成果的基础上，可以基本上规定"语言"的本质定义，即"语言"是音响和概念的符号体系，是符号施指和符号受指的统一。通常，语言在现实的使用中涵盖了两种意义范畴：广义和狭义。

广义的语言至少包含三种意义。

其一，它可以指诸如梵语、藏语、俄语、汉语、日语、英语、法语、拉丁语等任一群体或集团内部的自然规约系统。

---

[1] Whitney, W. D. Nature and Origin of Language[A]. *The Origin of Language*[C]. Bristol: Thoemmes Press, 1875: 291.

其二,它可以指诸如蜜蜂的语言、身势语言、画面语言、花卉语言等具有引申意义或修辞性质的约定俗成的系统;

其三,它可以指诸如逻辑语言、数理语言、坐标语言、旗语等非自然规约系统。

狭义的语言则是语言学的专门术语,是解构了言语体系之后的语言。言语体系(langage)由两个部分组成:言语(parole)和语言(langue)。言语与语言区分理论是索绪尔为了明确语言学研究对象,为了建立独立的语言学科而创建的一个根本性的概念理论。

按照索绪尔的观点:言语是指个人说话的行为,是言语器官发出的一定声音和一定意义内容的结合,是以说话人的意志为转移的个人组织活动。所以,言语表现出总体上的千差万别。它的无限多样性是由相同符号的反复出现所组成的,并逐渐呈现出一定的规律和制度。对言语的抽象结果便是语言。

在语言学史上,我们可以看到,有些研究者认为,世界上不存在抽象的语言,只有具体的语言,即交流中的语言。从他们的学术视野和出发点来看,这样的理解具有一定的合理性,他们关注的只是语言的工具性。但是,从普通语言学研究的观点出发,整个世界曾在的和现在的语言拥有一种自然的、共同的、抽象的语言,普通语言学关注语言的共性存在。

现代语言学研究证明,对语言的界定必须建立在索绪尔语言与言语的区分理论上,要在充分认识语言与言语之间的关系之后,我们才能够科学地理解语言,揭示语言的内涵,语言的定义才可能是完整而客观的,才可能是独立而科学的。在言语体系下,语言是存在,言语是生存;语言是抽象,言语是具象;语言是相对的静态,言语是相对的动态;语言是群体的概括,言语是个人的变体;语言是本质,言语是表现;语言是一般,言语是个别;语言是潜在,言语是显在。二者之间有着明确的分界线,但是它们不是两种不同的现象,而是同一现象的两个不同的方面,是相互联系而存在的。前者以后者为前提,后者归属于前者,语言是作为言语的本质部分而存在于言语中的,言语则是本质的具体表现,二者在性质上形成结构的统一。从语言与言语的关系中来规定语言的意义,并使之成为概念,这是真正实现对语言的本质特征和内涵做出确切逻辑规定的唯一道路。语言的各个要素,如语音、词汇、语法相互连接,维系语义,言语在语义的联系中保持着对语言整体的向心力。语言的展开状态其实就是揭示状态,它提供了语言整体所需要的可能性和亲和力。在语言学研究的过程中,我们需要不断地重新提起"语言"定义的问题,而每一次提起都应该是在更高层次上的或者与近似前一次提问相反的或修正的情况下,因为对"语言"进行界定实际上就是对语言本质的拷问,因此这个问题是真正源远流长,却又偏偏难以获得一个终结性的答案,语言学还能在怎样的程度上维持与承受如此致命的压力呢?在索绪尔之后才真正确立为独立学科的语言学所面临的是本质问题的危机。无论如何,语言学似乎都应当有迅速觉醒的发生,要把研究对象转移到新的基础上与新的观察视域中,要在指认语言表现形式的同时,直逼语言之存在本身。

(二)语言的特征

1. 语言的生理特征

语言是信息系统,它在人际交流中,在传递各种信息时起重要作用。语言信息系统和其他一切信息系统一样,首先必须依存于一定的物质承载体中。语言和它的承载体之间是不可分割的整体。那么语言信息的承载体是什么呢?广义上,语言的承载体主要有两种:生理承载体和物理承载体。生理承载体是人脑的神经网络系统,物理承载体是语音和书面文字。就个人而言,前者是内部的,后者是外部的。内部的语言我们称作语言系统,外部的语言我们称作语言现象。语言系统和语言现象既有相同之处,又有不同之处。语言系统不同于语言现象,二者在宏观平面上的重要差异至少有以下五点。

(1)语言系统是有生命的,因为承载语言系统的大脑神经网络以有生命的神经元为单位,它的存在以生命的开始而开始,而语言现象不是生命体。

(2)语言系统的生物体是有限的,所以语言系统必须是有限的;而语言现象则没有如此的物理限制,就个人的生命而言,它可以是无限的。语言现象的无限包括现象的存在可以是无限的,现象的数量可以是无限的。

（3）系统的神经网络是神经元连接组织起来的网络,网络中既没有语词,没有语法规则,也没有人为有意识的任何语言单位的选择和匹配。所有的信息都贮存于神经元的连接关系中;现象的承载体可以是声音或文字符号,是可以观察到的单位体及其组合。所以,系统是连接关系,现象是单位成分。

（4）因为语言系统是有限的,是有生命的,所以它必定按生理规律不断地调整自己的连接方式和连通难易程度,最终使其和外部信息取得一种信息平衡。语言自调节过程就是系统和外部信息之间互动谋取平衡的过程。语言系统的自调节性在语言现象中是不存在的,因为语言现象是无生命的。具体语言现象一旦形成,它就是不变的,直至其物质承载体受损或消失。因此,系统是动态的,而现象却是静态的。

（5）系统是一种并行处理器。解剖学和失语症的事实告诉我们,可以操作的语言系统至少可以分出概念语义、语法和语音。

语言学的模式基本上也采取这种分法。从由此汇集的证据可见,语言系统必定是个层级系统,它至少含概念语义层系统、词汇语法层系统和音系层系统。在系统操作过程中,各层系统互相作用彼此激活。现象则是线性的,它无论是作为输入还是作为输出,都是以一定的先后顺序排列的。无论是以书写材料作为载体,还是以声音作为载体,语言现象是可以观察到的,但语言系统是现代人所无法完全观察到的。尽管如此,神经生理学和神经解剖学的成果已经告诉我们许多有关语言系统承载体大脑的信息。事实告诉我们,大脑已经不再是某些人所说的"黑箱"。我们至少得知如下几点。

（1）一个神经元可以和成千上万个（可以从数千个到一至二万个不等）其他神经元连通。

（2）神经元连成神经束,不同神经束组合成大脑功能区。

（3）大脑中有纵向六个层次的神经元连接组织。

（4）各神经元激活所需时值可以不同。

（5）神经元或有正值的激励输出,或有负值的抑制输出。

（6）神经元或神经束连接关系之间具有保持激活状态（工作记忆）的机制。

（7）神经元激活与否,可以通过输入时空求和的计算确定。

（8）神经元的连接关系及其神经网络路径,多次激活后权值增加,形成记忆,以后激活变得很容易。

（9）神经元激活延伸的方向是单向的，但从系统的整体组织出发，系统操作又必须是双向的。

（10）神经网络中大神经元基本成熟于出生之前，而神经元的连通形成于后天的经验激活操作中。

这些微观平面上系统的生理特征，在现象中也没有直接、直观的对应关系。虽然系统和现象各有特征，但二者的存在和变化却是互相依存互为条件的，其中系统是内因，现象是外因。语言系统相当于人们所说的语言，但语言系统强调其生理可行性（物质性）和操作可行性（运动性）；语言现象相当于言语，但语言现象只限于可以观察到的以物质为载体的、一维的语言。系统的自调节变化、系统的发展不能没有外部信息的输入。

因此，语言系统应该是可以操作的神经网络系统，而语言现象则可以是系统操作的输出（如说话），也可以作为系统操作的输入（如听话）。操作过程产生的记忆是系统激活路径连通权值、阈值改变的结果。语言系统的操作过程都是按生理规律自动进行的，都是输入信息（包括语言现象的输入信息）和系统激活延伸之间的互动过程。

系统操作可以有两种：一种是语言运用的操作，它对语言系统中连通权值的改变不大；另一种是改变权值，形成记忆，构拟语言系统的操作新路径。前者是语言运用，后者是语言发展，即语言习得。但二者都是系统的操作，所不同的是，第一种操作过程中，系统中路径连通权值改变不大，第二种操作过程中，系统中某些路径的连通权值有较大的变化。

在语言发展这一纵轴上，语言的生理机制也起着重要作用。心理学和大脑神经事实证明，语言有先天的一面，但我们还未必已经找到它具体的结构。尽管如此，生理学科的成果有三点值得我们注意：

（1）胎儿在出生前大脑语言区已形成，它就是语言的天生生理机制。

（2）从神经生理学和大脑神经解剖学的成果看，人出生时至少大神经元已基本成型，但它们处于一种权值极低的惰性连接关系中。神经网络通过处理外部输入不断修正自身的连通权值，产生许多新的突触连通关系，最终形成许多固定路径（即信息）。

（3）人的一生中，大脑参与积极运作的部位只占其总量的十分之一左右。

将这三点综合起来考虑天生性问题,我们便能推导出:语言机制发展过程应该是从多到少的选舍固化过程,而不是从少到多的生成过程。基因裂变并发展为先天大脑语言功能区的过程则是由少到多的过程。

我们知道了一些宏观的语言生理特征,也知道了和语言系统有关的一些微观生理特征,它们都能指证语言系统的存在及其存在的宏观框架,但是,二者还不足以证明语言系统的层级组织的具体细节。就目前的科技水平看,语言系统的具体细节还无法直接观察到。仅仅通过失语症症候、生理解剖、通过电兴奋、药物实验、CT 和磁共振扫描,我们所获得的间接信息还不足以构建语言系统的许多细节。但是,现象是可以直接观察到的,我们可以将语音录下反复放听,我们也可以将文字写出多次研读。这些可观察到的信息,将为语言系统及其操作原则的构建提供间接的有效信息。由于构建基础的间接性和构建对象的多重性,通过对语言现象研究而推导出来的假设性系统,至少还必须通过语言生理特征的检验。

2.语言的思维特征

语言和思维关系非常密切。有人认为语言和思维密不可分。柏拉图就声称思维是无声的语言。沃尔夫(Whorf)则从学习的角度出发,提出学习语言就是学习用语言来思维。

叶蜚声、徐通锵等人对思维和语言的关系也有类似论述:思维是认识现实世界时动脑筋的过程,也指动脑筋时进行比较、分析、综合以认识现实的能力。思维的时候需要用语言。语言和思维是两种独立的现象,但形影相随,不可分离。[①]

另一种观点则认为,语言和思维是可以分离的。根据福德和皮亚杰的观点,语言是通过认知层面来表达语言之外的思维。现代认知科学的研究告诉我们,正常人可以有非语言的思维过程,如依赖于意象或进行抽象逻辑命题的思维。

如果我们将思维看作一种过程,那么思维过程可以是有意识的,也可以是无意识的,而语言的全过程总是有意识的。有意识的语言过程在

---

① 徐通锵.语言论——语义型语言的结构原理和研究方法[M].长春:东北师范大学出版社,1997:21.

一定程度上受到人类意志的控制,但无意识的思维过程便无法受到意志的控制,所以无意识的思维无法等同于语言。如果思维过程包括记忆和激活调用,那么有事实证明,这两种过程都可以不涉及语言表达。具体表现在以下两个方面。

（1）两种过程可以是无意识的。

（2）记忆内容无法用语言表达激活再调用。

我们举证了思维和语言的差异。那么这种差异有没有生理证据呢？我们的回答也是肯定的。福德等提出了一个"思维语言"假设。他们的假设包括两个部分：信念、意愿意图是大脑真实的心理和物理表征,而显性行为则源于这些表征；这些表征具有和意图物体相似的组织特征。

从大脑神经的生理基础出发,这些"真实表征"应该是概念。概念可以组成层级,不同的概念通过共享的概念特征而连通。神经网络也是一种层级组织,神经元也可以和许多其他神经元连通。如果我们想睁开眼睛,那么我们首先要有这个意图概念。这个意图概念激活"睁开"动作概念和"眼睛"概念。当然,我们也可以闭上眼睛,但这两个意图中的概念"眼睛"是不变的,它同时和这两个不同意图连接,既可以和动作概念"睁开"组合,也可以和动作概念"关闭"组合。

当然,这些概念必须同时和许多大脑功能区的系统连接,连接的部分除了司令动作的运动系统,还有语言系统、视觉系统等。如果有人叫你闭上眼睛,语言系统通过理解过程激活相关的概念,再由概念激活运动系统,完成闭上眼睛的动作。当然,你还可以效仿他人的动作,同时告诉他人"闭上眼睛"。这时视觉信息激活了概念,概念同时激活了运动信息和语言信息。运动系统指挥关闭的动作,而语言系统则加工输出语言现象"闭上眼睛"。

那么,我们说的这些神经过程是否在大脑中存在呢？语言系统和概念系统是否有不同的生理承载体呢？我们的回答是肯定的。语言系统的生理基础主要是布洛卡区和韦尼克区,而作为思维基础的概念则散布在大脑各部位。根据上述事实,我们的结论是：思维的主要生理承载体是概念系统,概念系统连通包括语言系统在内的各种认知符号关系系统。

二、文化

人们对于"文化"并不陌生,但是具体"什么是文化",大家却是众说纷纭,没有一个明确的定论。美国人类学家阿尔弗雷德·克鲁伯(A.L.Kroeber)和克莱德·克拉克洪(C.K.M.kluckhohna)在《文化：关于概念和定义的检讨》中说："在这个世界上,没有别的东西比文化更难以捉摸。我们不能分析它,因为其成分无穷无尽；我们不能描述它,因为其形态千变万化。当我们要寻找文化时,它仿佛是空气,除了不在我们手中以外,它无所不在。"

(一) 文化的界定

"文化"一词是随着人类历史的发展而不断丰富起来的。

在中国的古籍中,"文化"一词来源于"文"和"化"两个字。"文"即指文字、文章、文采。《说文》曰："文,错画也。象交文。"后又指礼乐制度、法律条文等。"化"是"教化""教行"的意思。教行于上,则化成于下。《老子·第五十七章》曰："我无为而民自化。"

至近代,社会学、人类学、哲学、社会心理学等从各自学科的视角来给"文化"一词下定义。文化在文化学或人类学中的定义通常是指人类社会区别于其他动物的全部活动方式以及活动的产品。但在实际的文化研究领域,由于文化要素复杂,内涵广泛,专家给出的定义不胜枚举。到现在为止,专家学者下的定义已有300多种。

西方近现代人类学家、社会学家和社会心理学家对文化的认识呈现出多角度、动态性的特点。1952年,美国文化学家克鲁伯和克拉克洪发表《文化概念和定义的批评考察》一文,历时考察了自1871年至1951年期间的关于文化的160多种定义,并作了评析。在此基础上,他们给文化下了一个较为全面、科学的定义。

(1)文化由外显的和内隐的行为模式构成。

(2)这种行为模式通过象征符号获取和传递。

(3)文化代表了人类群体的显著成就,包括他们在人造器物中的体现。

（4）文化的核心部分是传统的（即历史的获得和选择的）观念，尤其是他们所带来的价值。

（5）文化体系一方面可以看作是活动的产物，另一方面则是进一步活动的决定因素。

该定义基本为现代东西方的学术界所认可，有着广泛的影响。

综上所述，我们可以得出这样的结论："文化"作为一个概念，可以有广义和狭义的理解。狭义的文化，一是指社会意识形态层面上，人类一定范围的社会群体中所具有的共性价值观、行为准则和行为方式，也即使个人行为能力为集体所接受的共同标准；二是指在此基础上建立起来的社会组织结构和社会制度。广义的文化还包括社会意识形态借以形成的物质基础——社会生产力和生产方式的直接产品。人类在生存实践中不断地认识自然、改造自然及改造自身以适应自然，从这个意义上来说，人类在社会实践中形成的一切物质遗产都是文化的组成部分。因此，我们对文化取其广义的理解——包括精神和物质两个方面。[①]

（二）文化的特性

1. 超自然性

文化是人类独创的，是人类特有的一种方式。文化与人类同生共长，没有人类，就没有文化；没有文化，也就没有人类。人类的祖先在使自己脱离动物界而建立人类社会的过程中创造了文化，才使自己终于成为超越于动物的人。文化性是人类的根本属性。文化是人性的体现而非人的动物性的体现。某些动物，如蜜蜂、蚂蚁、猿猴等，可以有类似人类社会的"组织"，但没有文化。因此，只要说起文化就一定是指人类的文化。正因为人的根本属性是文化性，人类生活和行为的一切方面无不带上或终于带上文化的印记。饮食文化、生殖文化就是人类在满足自身基本的生理需要的基础上创造出来的独有文化，其他动物则不可能创造出来。总之，人的文化性和文化的人性是具有本体论性质的命题，而文化的人性也就是它的超自然性。

[①] 雷淑娟.跨文化言语交际学[M].上海：学林出版社，2012.

2. 符号性

人是一种"符号的动物",符号化的思维和符号化的行为是人类生活中最富于代表性的特征,并且人类文化的全部发展都依赖于这些条件。人类创造文化的过程,其实就是一个不断发明和运用符号的过程。在人类创造文化的过程中,人类将自己对世界的认识、对事物和现象的意义和价值的理解给予了一定的具体形式,从而使这些特定的形式具有一定的象征意义,这就构成了文化符号,成为人类必须遵循的法则。人类生活在这些法则中,生活在自己创造的充满文化符号的社会中。[1] 人类活动既受到文化的约束,又在接受文化约束的过程中体现自己的人生价值。因为文化具有符号性,所以人们在分析一些文化现象的时候,需要借助符号学的原理和方法。

4. 可变性

文化在一定程度上来说是为了满足人类生活需要而产生的。当人类生活发生改变时,文化必然发生改变,这是文化变化的内在原因。在人类文化史中,文字的出现、造纸术的发明、印刷术的发明、蒸汽机的使用、电子计算机的发明、天体运行规律和能量守恒定律的发现等,这些重大的发明都有力地推动了文化的变革。一种文化的传播、文化的碰撞都可能促使文化发生质的变化。

5. 民族性

文化必须植根于人类社会,而人类社会常以相对集中聚居并有共同生活历史的民族为区分单位。由此可以说,某种文化总是伴随某个民族而产生和存在的。文化必须以民族群体作为载体。所谓的民族性也主要是指文化特性。例如,日本与欧美国家,同为较为发达的国家,但是日本文化与欧美国家的文化却截然不同。

---

[1] 吴为善,严慧仙. 跨文化交际概论[M]. 北京:商务印书馆,2009.

6. 区域性

　　同一个民族分布在不同区域,那么环境不同,在文化上就会存在一定的差异性。可以说,民族文化因地域性的特点形成了一些互有差异的次文化,也就是说,在大文化传统的基础上又有各具特色的小文化传统。小文化传统具有显著的区域性特征,同时又受大文化传统的统摄。因此,在民族文化的大范围内常有区域性文化同时并存。例如,中原文化、齐鲁文化、吴越文化,都属于中国上古文化,但由于所处区域不同,三种文化又具有各自的特征。再如中国民间曲艺,也是由具有地方代表性的剧种组成。北京的相声、东北的二人转、浙江的越剧、安徽的黄梅戏、西北的秦腔、四川的川剧、河南的梆子、山东的大鼓书等,莫不各具风姿,绝不雷同。

　　我们还需要明白,文化的区域性与民族性是不矛盾的,区域性不但不会损害民族文化的内在统一性,还会丰富民族性的内涵。

三、语言与文化的密切关系

　　语言与文化相互依赖、相互辅助、相互影响。语言是文化的重要载体,语言促进着文化的发展,语言在人类的一切活动中都起着十分重要的作用,是人类社会生活中不可缺少的一部分。文化对语言也有制约作用。语言促进文化的发展,同时文化也影响着语言的发展。在社会文化发展的过程中,语言既受到文化的影响,同时也得到了自身的发展。

　　语言和文化是相辅相成的。语言反映了一个民族的特征,是文化信息传递的重要工具之一,是文化的一种表现形式和重要组成部分,同时文化是语言的前提,文化具有独特性和差异性。这是不同区域的文化差异产生的语言受到了文化制约的结果。

（一）语言是一种文化符号

　　语言本身具有工具的效能,是人类特有的能力和习惯。就民族文化而言,民族语言是民族文化最重要的一种表现形式。换句话说,民族语言是民族文化的体现,是民族文化的天然"图腾"。学习语言,就意味着要学习相应的文化;而要了解一种文化,就必须学习与这种文化相对应的语言。在文化的建构与传承过程中,语言以符号的形式发挥其自身的作用。

语言的产生、演变、流传总是与对应的文化的产生、变化和流传保持一致性。一种语言的衰亡意味着一种文化的衰亡。文化本身是一个复杂的整体,由许多要素整合而成。在这个整体中,一些特定的词语反映着"文化内核"并推动该领域的文化建构。这些特定的词语体现了该文化领域的思想范畴、价值观念和认识成果,我们将这些特定的词语称为"文化符号"。

"文化符号"不仅体现了一定社会文化思维和文化体制,而且还制约着相应的文化观念、文化心理、文化活动。各种语言都有相当可观数量的这一类文化符号。由于语言具有继承性和保守性,那么"文化符号"也就相应地具备了传承文化的作用。

此外,我们还需明确,语言自身就是一种文化力量、文化模式。人们学习语言,也就把相应的文化观念、文化价值、文化准则、文化习俗等"文化符号"融入了自己的思想行为中。语言本身具有一种建构和保有文化传统的作用,我们把这种作用称之为"语言的文化符号功能"。

(二)语言与文化共同变化

语言是民族的语言,文化是民族的文化。无论这种语言和文化有多强的民族性,它们都不是一成不变的。

首先,社会的发展变化,从本质上来说是社会文化的发展变化。语言作为文化的表现形式,也会随着文化的发展变化而发生改变。

其次,在进行文化交流时,需要依靠语言,没有语言和语言之间的翻译就无法进行文化交流。语言的翻译实际上是语言符号形式的转换和意义的借入。同时,在语言符号形式的转换和借入过程中,其他民族的文化也被带入进来。各民族语言在同其他民族的文化交流中不仅吸收了大量的外来词,也吸收了不少外语的语法成分和语法手段,有时文化的接触还会导致语言面貌的变化。总之,语言的变化同文化的变化关系极为密切,其间存在着一种"共变"关系。[①]

（三）文化与语言相互影响、相互制约

一种文化的产生与发展离不开语言的作用,同时,文化的发展反过来也促进了语言的进一步发展。语言是文化传播和社会变化的重要因素,语言学家借助社会学理论分析语言的使用,社会又影响着语言。环境影响着人类的行为,相应地,环境也影响着语言,制约着语言形式的选择。总之,语言与文化二者之间呈现双向的影响制约关系。

（四）文化与语言之间存在结构层次差异

国内诸多学者认为语言结构层次与文化有着密切的关系。即使语言结构的每个层次都与文化有关,但是,我们需要明白,文化对语言的影响是不均衡的。例如,文化对词汇的影响最明显、最突出、最集中,而对语法的影响则比较浅显。文化反映在语言的使用上则比较典型,而反映在语言系统上则比较含蓄。由此可以看出,文化对语言结构层次和使用的影响有强有弱,那些片面的夸大语言与文化之间的关系或否定语言与文化之间的关系的认识都是不正确的。

第二节　汉语、汉字与汉文化的类型特质

当今人类所讲的语言有数千种。按索绪尔的理论,语言按聚合和组合关系,构成层级分明、排列有序的人类语言总系统。人类语言总系统下的第一个层级,是人类语言的基本类型。按语言的基本单位——词的语音层面的结构形式,人类语言总系统可分为三种基本类型:以汉语为代表的单音节孤立型语言和以英语为代表的多音节屈折型语言,构成现

[①] 陈娟,韩艳,王振红等.英语语言学理论研究与应用[M].北京:中国水利水电出版社,2016.

代人类语言总系统中对立的两极,而以日语为代表的黏着型语言,则是处于"过渡地段"的中间型语言。按语言中句子的结构分,则可分为四种类型,除了以上的三种类型外,再加上以北美某些印第安语言为代表的编插型语言。由于词是语言的基本单位,所以两种分类中又以"三类两极"法为最基本的分类法。

　　汉语在人类语言文字类型的研究中占有重要的地位。汉语是当今世界上使用人口最多的语言。以汉语为主要代表语言之一的汉藏语系是世界上第二大语系。更重要的是,汉语是人类三大基本语言类型之单音节孤立型语言类型的典型代表。这种代表地位,从19世纪开始一直为人类语言学界所公认。三大语言基本类型中的中间型——黏着型语言实际所含的语种及使用人口都很少。因而,人类语言的具体研究实际以三大类型中的两极——多音节屈折型语言和单音节孤立型语言为主。若就语言结构的角度而言,汉语与梵语被认为是"两极"的典型代表;若就当代语言的实际地位和影响的角度而言,则汉语与英语被公认为是两大代表。一句话,无论从什么角度看,汉语在人类语言类型的研究中均有不可替代的重要地位。

　　古埃及人不但制造了宏伟的金字塔,还创造了比金字塔更伟大的,作为今日印欧语系诸文字源头的圣书字。圣书字是一种利用古埃及语"三辅音原则"而创造的非完全记录型文字。在埃及人封闭的历史中,这种文字得到了与古埃及语相适应的充分发展。更重要的是——与楔形字不同——圣书字传播和借用一直处于同语型的范围中,从而使传播递借的过程成为一个逐步升级的良性的发展过程。这种发展,甚至在圣书字本身已随着古埃及的消亡而消亡以后,还有其同语型的借用文字系列在继续着,并且在辗转借用的过程中产生了系统性的突变:符号性质由二元变为一元,记录类型由非完全型成为完全型,同时,文字的外形也发生了天翻地覆的变化。正因为其优秀的系统特征,使其在取代式的竞争中具有强大的优势。其结果,它击败了早于它产生并流行于一时的楔形字,成为公元后人类最强大、最重要的代表文字之一。在今天,尽管圣书字本身已成为历史文字,但是以它为源头的字母文字,因其具有对多音节屈折型语言的高度适应性和良好功能,而为印欧系诸语言广泛采用,并被公认为是当代最优秀的文字体系之一。

　　汉字是一种华夏民族自己创造的、高度适应汉语单音节孤立型语言类型的、充分式发展的文字。汉字的类型受汉语类型的制约,而汉语又是一种在华夏民族文化类型的基座上诞生、发展的语言类型。汉语、汉字、汉文化之间具有不可分割的密切关系。华夏民族的历史,是一部沿着向心凝聚式的轨道发展的历史。中国大地上的竞争,与从西亚到欧洲的竞争类型不同,是一种非取代式的竞争,一种在竞争中互相学习、逐步同化的竞争。这种竞争的结果,形成了辐射式的、诸多层级而同一中心的实体。这样的发展历史造就了华夏文化向心凝聚式的特质,也形成了中华民族注重民族团结,要求民族统一的传统和心理。

汉语,这种在向心凝聚式的华夏文化基座上诞生的语言,是一种结构简明,与人类思维逻辑保持惊人一致的语言类型。华夏民族的共同语产生得很早,并随着历史的推进进行自我超越式的阶段性调整:从公元前11世纪的周代"雅言",到汉代民族大统一时的"通语",到明清时的"官话",到辛亥革命后的"国语",到中华人民共和国成立后的"普通话",从共同语的名称,我们可以窥见华夏民族语言文化演变进程之一斑。

在当代,汉民族的共同语——普通话,对内统领各方言,对外担负起中华民族与世界各民族交际和交流的重任。汉语的单音节、孤立型特点,使汉语系统不需要繁复的外部语法形态,就可以良好的履行其交际职能。因此,语言学者们根据这一特点,又把汉语称为"词汇型语言",并以"语法型语言"称呼具有繁复的外部语法形态的印欧语系诸语言。

汉字,是一种充分适应汉语和汉文化的文字。从现有资料来看,成系统的汉字出现于公元前2000年中期,这之前,则是相当长时期的刻画符号阶段。汉字的发生、发展和成熟的道路,同楔形字及圣书字不同。楔形字及圣书字形成较早,但对其语言中词的记录都采取了一定的省略方式,并且它们的发展都是通过不同语种之间的异地借用、辗转嫁接、曲线发展、相互取代的方式逐步成熟的。在其重要的突变阶段,文字的外形产生了相当大的变异,以致一度被误认为属不同的文字类型。

汉字系统产生的时间要比楔形字及圣书字迟,但从现存最早的系统汉字资料——商代甲骨文看,此时的汉字对其语言中词的记录已是完全式记录了。汉字的发展建立在华夏文化和语言发展的基础上,有演变,也有突变。汉字的阶段性突变的主要方式,不是通过外形的变异,而是通过系统内部质的飞跃来完成的。汉字的发生、发展及成熟的历程,与楔形字,尤其是与当代字母文字的前身——圣书字之间的巨大差异,充分说明了索绪尔的文字类型理论的正确性,也说明了语言基本类型对文字基本类型所具有的制约能力。

汉语和汉字,是华夏文化的产物,是华夏民族智慧的结晶。它们不但是华夏民族的宝贵财富,也是全人类的宝贵财富。并且,由于它们是人类语言文字总系统中的基本类型的代表,它们就更具有不可替代的地位和作用。

语言文字的历史与民族文化的历史常常是并行发展的。不过,总的看来,语言比文化更具有恒久性,不少古代文化现象消失了,但其某些因素还保存在语言中。而文字,由于弥补了语言时空缺陷,更能起语言和文化的化石的作用,甚至使已经消亡了的民族的语言和文化永垂不朽。

在近代以来的语言学研究中,汉语的研究是其中较薄弱的一环。因此,我们研究的重点是我们华夏民族的共同语——汉语,并且,由于汉字在其与词义的直接联系方面表现出来的特殊优势及其在汉语发生学的研究中具有特别重大的价值,因此,我们把汉字作为汉语发生与发展研究的基础和重点之一。21世纪人类语言文字学的新飞跃,也许就体现、寄托在汉语、汉字、汉文化研究的新的突破上。

第二章　汉语词汇的语义分析

词是语言中能够独立运用的有音有义的语言单位,它是由语素构成的,语素是语言中最小的音义结合体,是能够区别意义的最小的语言单位。对词和语素进行研究,有利于对现代汉语词汇有一个系统的认知,对研究现代汉语和有效传播现代汉语也具有重要意义。

第一节　词和语素

一、词

(一)词的概念

语言是人们进行交际的工具。人们总是一句一句地说话,一句一句地写文章,每一个句子都可以表达一个完整的意思,而每一个句子又是由更小的语言单位组成的。对它们进行分析,就会发现有一种具有简单意思和造句功能的、可以自由活动的语言单位。例如:

　　我赞美白杨树!

这是一个表示赞叹的句子,它是由"我""赞美""白杨树"三个小单位组成。"我""赞美""白杨树"分别表示三个意义,合起来组成句子。但它们又可以自由地独立地活动,也就是说,它们还可以与别的词组成各式各样的句子。例如:

我：我爱祖国。
赞美：我赞美祖国。
白杨树：路旁有棵白杨树。

因此,我们可以给词下这样的定义:最小的、有意义的、能够独立运用的语言单位。在这个定义中,"最小""有意义""能够独立运用"三个限制语缺一不可。"最小"是说作为一个有意义的能自由活动的单位,是再也不能拆开的了。"能够独立运用"说明它可以自由活动,可以充当句子成分或在句子中表示一定的语法意义,否则就不是词。例如,"白菜"是一个词儿,有特定的意义,如果拆开成为"白"和"菜",就变成两个意义,而"白菜"这个特定的意义就没有了。所以说,"词是最小的、有意义的、能够独立运用的语言单位"。

(二)词的特点

词具有以下几方面的特点。

1. 词都代表一定的意义

各种词的"意义"含义不同。实词的意义比较实在,指某些概念内容。例如:

餐厅：供吃饭用的大房间,一般是宾馆、火车站、飞机场等附设的营业性食堂,也有的用作饭馆的名称。
留学：留居外国学习或研究。

虚词的意义比较抽象,它们在句中表示一定的语法意义。例如:

副词：不　很　都
介词：把　被　从
助词：了　着　过　的

· 19 ·

连词：和　因为　可是

语气词：啊　吗　呢

2. 词一般都具有固定的语音形式

各个音节的声、韵、调都不能改变，改变了就不是原来的词了，或者变得毫无意义，如把"山"念成 sān，就变成了"三"。声调在汉语词中是很重要的区别意义的手段，同样一个词，声调不能轻易改变，如把"山"念成 shàn，就变成了"扇"。词的轻重音也不能随便改变，如把"东·西 dōngxi"（"东西"中间的"·"表示"·"之后的字念轻声，以下同）念成 dōngxī，意思也变了，dōngxi 是指事物，dōngxī 是指东西南北的东西。再如：

废物（没有用的东西）————废·物（没有用的人）
地道（地下坑道）————地·道（真正的，纯粹的）
合计（合在一起计算）————合·计（商量）

3. 词是最小的造句单位

一般不能把词分解为更小的单位去使用，不论是双音节词还是多音节词，都是一个不能再拆开的整体。例如：

语言这个东西，不是随便就可以学好的，非下苦功夫不可。

"东西"一词是造句单位，是不能再拆开的整体。"东西"的意思是泛指各种各样的事物，如果把它拆成"东"和"西"，就成了表示方向的词，同原来的意思完全不同了。

（三）常用的确定词的方法

常用的确定词的方法有以下几种。

（1）能够单独运用的是词。单独运用是指能够单说或单用。

第一，单说，能单独回答问题的是词对一个语素组成的单纯词，这个方法最有效。例如：

第二章 汉语词汇的语义分析

"你去吗？"——"去。"
"你想买什么？"——"笔。"

以上"去、笔"都可以单独回答问题,可以单说,是词。

值得注意的是,由多个语言成分组成的词组,虽然也可以单独回答问题,但不是词。例如：

"你去吗？"——"不去。"
"你想买什么？"——"白纸。"

以上例句中的"不去""白纸"也可以单独回答问题,但不是词,是词组。

第二,单用,能单独充当句子成分的是词。有些词虽然不能单独回答问题,但是可以在句中充当一定的语法成分,我们也认为是可以单用的语言单位,是词。例如：

女：问"新来的老师是男的还是女的？"不能单独回答"女",说明"女"不能单说,但在"女老师""女同学"中"女"充当定语,也是词。

房：问"那边要盖什么？"不能单独回答"房",说明"房"不能单说,但在"大家都买了房"中,"房"充当句子的宾语,也是词。

（2）把一句话、一个句子中所有可以单说、可以充当句法成分的单位剔除,剩下来不能单说而又不是一个词的组成部分是语素。

（3）最小的,是说词是不能扩展的。可以用扩展法来检查确定是不是词,某一个语言单位中间不能插入别的成分的是词。例如,"白菜"不能扩展成"白的菜"等,因为扩展后改变了它原来的意义,所以"白菜"是词。但要注意有些由两个或几个语素组合成的单位不能单说或很少单说,如"人造""国际"等,但可以用来充当句法成分,它们也是词。在词的定义中,用能否"独立运用"来区分语素和词,用是不是"最小的"来区分词和短语。

（四）词根与词缀

词都是由语素构成的,根据语素在构词中所充当角色的不同可以分为词根和词缀两大类。一般把自由的或不自由的不定位语素都称为"词根",把不自由的定位语素称为"词缀"。

1. 词根

词根是词语的主要组成成分,意义比较实在。有些词根本身就可以成词,主要是那些单音节的自由或不自由不定位语素。例如:

人　山　空　草
谁　走　水　学
看　中　好　纸

也有的词根不能单独构成词,必须和其他语素组合在一起才能成词。例如,"人民"的"民","窗户"的"户","高兴"的"兴"等。

2. 词缀

词缀是词语的附加成分,是黏附在词根上的语素。词缀可以根据它在构词时出现的位置,分为前缀、中缀和后缀三类。
（1）前缀
黏附在词根前面的词缀。例如:

老:老总　老师　老大　老虎
阿:阿姨　阿爸　阿妈　阿婆

（2）中缀
插入词根中间的词缀。例如:

得：跑得快　做得到　写得好　想得开
里：土里土气　流里流气　怪里怪气

（3）后缀
黏附在词根后面的词缀。例如：

子：桌子　椅子　裤子　鞋子
者：学者　爱国者　志愿者
头：石头　鼻头　吃头　念头
儿：盖儿　瓶儿　字儿

3. 类词缀

"类词缀"是指那些跟词缀非常相似，但是在语义上又还没有完全虚化，有时候还以词根面貌出现的语素。"类词缀"在现代汉语中数量不少，近年来表现得也很活跃，构成了很多新词。下面举几个例子说明。

（1）~性

"性"的意思是"性质"。"性"与其他语素构成的词一般都是名词，表示"具有~这种性质"的意思。比如，"真实性"就是"具有真实这种性质"之意。

动词加上"性"之后变成了名词。例如：

挑战性　破坏性　依赖性
妥协性　斗争性　调和性

形容词加上"性"变成了名词。例如：

多样性　复杂性　积极性
真实性　独立性　偶然性

（2）~化

"化"的意思就是"变化""转化"。"化"与其他语素构成的词一般都是动词，表示"使变得~"的意思。比如，"美化"就是"使变得美观"

的意思。名词加上"化"后变成了动词的。例如：

戏剧化　平民化　制度化
电气化　概念化　数字化

形容词加上"化"后变成了动词的。例如：

美化　丑化　绿化　简化
模糊化　庸俗化　透明化

（3）~族

"族"的意思是"事物有某种共同属性的一大类"。"族"与其他语素构成的词一般都是名词，表示"具有~这一特性或行为举止的一类人"的意思。动词或动词性词组加上"族"之后构成名词。例如：

啃老族　打工族　飚车族
暴走族　上班族　追星族

也有名词加上"族"构成名词。例如：

拇指族　单车族　工薪族

也有由形容词加上"族"之后变成名词的。例如：

休闲族

（4）零~

"零"在"零~"中的主要表达功能就是对后面的"~"加以否定，对"~"的存在状态和变化过程进行完全否定。例如，"零利率""零投诉"就是"没有利率""无投诉"。

"零~"是一个名词性的词组，"零"后边的成分可以是名词性的。例如：

零距离　零风险　零事故
零利息　零误差　零利率

也可以是动词性的。例如：

零干扰　零投诉　零增长
零排放　零污染　零库存
零容忍　零消费　零损失

（5）~感
"感"就是"感觉"的意思。"感"与其他语素构成的词一般都是名词，表示"~的感觉"的意思。大多数都是形容词加上"感"之后构成名词的。例如：

压抑感　美感　紧迫感
亲切感　失落感　充实感
厚重感　时尚感　兴奋感

也有一些动词加上"感"构成名词。例如：

冲击感　参与感　犯罪感　设计感

还有一些名词也常与"感"组合成词，词性仍然是名词。例如：

口感　手感　体感
骨感　性感　乐感

二、词和语素的联系

语素是最小的语音、语义结合体，是最小的有意义的语言单位。语素不是独立运用的语言单位，它的主要功能是作为构成词语的材料。说它是语音、语义结合体，有意义的语言单位，目的是把它跟音节区分开来，有些音节单有音没有意义，不能看作语素，如"霶""馄"。说它是最小的有意义的语言单位,不属于独立运用的语言单位,目的是把它跟词区分开来。

词是由语素构成的。词和语素的联系不仅表现在构成与被构成上,而且由于语素在构词时采用了多种多样的方式,这样就造成了词和语素之间比较复杂的联系。概括起来,语素和词的联系可以归纳为以下三种。

（1）语素直接组合构成词。这主要指两个语素构词的情况。从意义上看,语素直接组合成词又有以下两种情况。

第一,词的意义同语素的意义有着比较明显的联系。例如：

火红　笔直　大衣

第二,词的意义同语素的意义基本上没有什么联系,语素的意义完全溶化为新的意义。例如：

脾气　水泥　东西

（2）语素转化为词。这主要指成词语素构词的情况。在这种情况中,语素摇身一变就成了词,语素的意义也直接转化为词的意义。这时,语素和词是一致的。例如：

大　快　了

（3）语素先组合为语素再组合为词。这主要指三个或三个以上的语素构词的情况。在这种情况中,语素通过语素同词发生联系。例如：

大学生　商品粮　铁饭碗

三、词和语素的区别

词与语素之间的区别主要包括以下几方面。

（1）表义状况不同。词的意义是明确的、固定的；语素的意义则是模糊的、游移的。比较"外语"这个词的意义和"外""语"这两个语素的意义就可以看出这一点。

（2）单位大小不同。语素是最低一级的语言单位，词则是高一级的单位，二者处于不同的层级上。

（3）功能和活动状况不同。语素的功能是构词，词的功能是造句；词能够自由独立运用，语素不能自由独立地运用。语素只在词中活动，它不能越过它所在的词去同语句中的其他成分发生联系；而词不仅可以同相邻的成分发生结构组合关系，还可以同不相邻的成分发生语义关系。例如：

王蒙领了一套新茶具。

其中"茶""具"中的两个语素只能相互发生联系，不能同其他成分发生联系，而"茶具"这个词的联系则是多样的。

第二节　构词与造词

一、构词

构词是指词的内部结构问题，它的研究对象是已经存在的词，对现有词的内部结构进行观察和分析，总结出词的内部结构规律。人们在社会生活中，关心的是需要某个词，创造和使用某个词，但是并不关心词的内部结构形式如何。因此，研究构词问题就往往成为某些人科学研究范围内的事情，它的活动领域要比造词问题狭窄得多。当然这些研究成果会为人们所接受，因为它们不但使人们能够更清楚地认识词、分析词，也能为人们的造词活动提供遵循的规律和科学的根据。随着科学知识的普及和人们文化水平的提高，这些科学成果将会越来越发挥出应有的作用。[1]

---

[1] 卢惠惠.现代汉语词汇学[M].上海：学林出版社，2011.

二、造词

（一）造词的概念

造词就是指创制新词，它是解决一个词从无到有的问题。人们造词的目的是满足社会的交际需要，客观事物的发展，人们认识的发展，新事物和新现象的出现，以及语言本身的发展和调整，都能提出创造新词的要求，语言中的词就是在这种需求下，不断地从无到有地被创造出来。在语言的历史发展过程中，世世代代的人们就是这样不断地满足社会的交际需要，不断地创制出各种各样的新词来。所以，要研究一个新词如何形成的问题，就要研究它的形成条件和过程，而其中大部分的新词又都是通过创制的方法从无到有地被创制出来的，因此要研究词的产生问题，首先就要研究造词问题。和所有词的形成一样，造词也必须具备词形成的两个前提条件，那就是人们的认识和思维活动以及已有的语言材料。

（二）人们的造词活动

社会上的每一个成员，都可以根据交际的需要来进行造词，所以造词活动存在的范围很广，它是一种全社会成员都可以进行的活动行为。在造词活动中，人们的认识和思维活动是非常重要的，它往往起着先导的作用，因为新词都是在新事物、新现象的不断涌现下，根据具体的环境和条件，通过人们的认识和联想，然后用语言材料使其外部现实化，才被创造出来。事实上，人们的这种造词活动就是人们为新事物、新现象命名的行为。例如，"落星湾""落星石"两词的产生：

在鄱阳湖北湖，庐山南麓，有一湖湾称作"落星湾"，湾中的巨石称作"落星石"。之所以叫作"落星湾"的原因，就是因为湖湾中有一巨石叫"落星石"。之所以叫作"落星石"，又是因为这石头相传是天上一颗流星坠落湖中而成。因此，千百年来，湖区的人们一直认为："今日湖中石，当年天上星。"

由此可见，造词活动就是人们在认识的基础上给事物命名的活动。有时人们在造词时，由于认识和考虑问题的角度不同，所以同一个事物,也可以获得不同的名称。例如,"西湖"和"西子湖"就是同一个湖的两种不同的称呼,"西湖"是着眼于湖的位置在杭州的西部而得名,"西子湖"则是着眼于湖的美而得名。造词活动和人们的认识以及具体的环境条件是有密切关系的,人们根据具体的环境条件,通过认识思维而形成概念,从而产生了词形成的基础形式,然后又在此基础上进一步创制出词来。同时以上情况也足以说明,人们在造词时,主要考虑的是用什么名称命名合适的问题,并不是而且也不会去考虑名称的内部结构形式如何。

三、构词造词的逻辑基础

造词构词具有共同的逻辑基础。汉语造词构词的逻辑基础非常细致复杂。下面仅以现代汉语中的双音词为例,试做如下分析。

(一)同位关系

同位关系是指两个不相同却相关的概念,它们都是属于同一个类概念之下的种概念,二者处于同等位置的关系中。汉语中凡是在这种概念的同位关系的基础上造成的词,反映在构词上,就是联合式中意义相关联合式的词。例如:

豺狼　笔墨　学习
钢铁　书报　粮草

上例中的"豺狼"是由"豺"和"狼"组成的,"豺"和"狼"表示的是两个不相同的概念,但对于"猛兽"这一类概念来说,它们却是两个处于同等位置的种概念,所以"豺"和"狼"是同位关系。人们思维规律中概念之间的同位关系,就是这类词的语素组合的逻辑基础。

在同位关系的基础上组成的新词,一般来说,它的意义往往是在两个语素意义的基础上相互补充、融合演化而成,但情况又不完全相同。有一部分新词的意义,是和两个同位种概念所共同隶属的类概念的意义相当或相关。例如,"书报"的意义指"图书报刊",和"书""报"隶属的类概念"供学习阅读的东西"的意义也是相关的。还有一部分新词,它的意义要受到语言内部或社会使用方面的某些制约,在融合深化的过程中得到新的发展。例如,"笔墨"的意义就已经不是指"书写的工具"了,而是引申为指称书写出来的东西——"文字或文章"了。

(二)同一关系

同一关系是指两个概念的外延相符合,或者大部分是相符合的。汉语中凡是在概念的同一关系的基础上造成的词,反映在构词上就是同义联合式的词。例如:

  购买 增加 积累
  道路 帮助 丢失
  制造 依靠 寒冷

这类词的两个语素所表示的概念,它们的外延都是基本符合的,概念的同一关系就是这类词的语素得以组合的逻辑基础。建立在概念的同一关系上组成的新词,一般来说,它的意义都是由语素的意义相互补充融合而成。新词的意义和各语素的意义是一致的,它们之间是一种同义的关系。

(三)对立关系

对立关系是指概念的矛盾关系和反对关系。矛盾关系是指包含在同一个类概念的外延之内的两个概念,它们的外延互相排斥,而它们的外延相加就等于所属的类概念的外延。例如,"生死"中的"生"和"死",它们的外延是互相排斥的,但二者都包含在"生存和死亡"的类概念的外延之内。反对关系是指包含在同一个类概念的外延之内的两个概念,它们在外延上也是互相排斥的,但是它们的外延相加要小于所属的类概念的外延。例如,"甘苦"中的"甘"和"苦","甘"和"苦"在外延上互相排斥,却都属于"味"这一类概念的外延之内,然而"甘"和"苦"的外延相加却要小于"味"的外延。无论是矛盾概念还是反对概念,由于它们在外延上是互相排斥的,所以它们在内涵上都是对立的,都处在相互对立的关系之中。汉语中凡是在这种对立关系的基础上造成的词,反映在构词上,就是联合式中反义联合式的词。例如:

  长短　多少　呼吸
  开关　来往　深浅

这类词的语素都表示了一对互相对立的概念。

在对立关系的基础上组成的新词,词义的情况比较复杂。有一部分词,它的词义就反映了语素表示的两个概念所共同从属的类概念。例如,"呼吸"就是"呼"和"吸"共同从属的类概念。也有一部分词,它的词义并没有表示类概念,而是表示了与语素所表示的概念有关的事物。例如,"开关"的意义就是这样,它只是表示了与"开""关"的动作有关的用来进行开关的事物名称罢了。还有一部分词,它的词义除了可以表示类概念外,同时还可在此基础上得到新的发展,进一步表示某种事物或情况。例如,"长短",它除可以表示类概念"长度"以外,还可以表示"意外的事故"和"是非"等。

(四)从属关系

从属关系是指外延较小的种概念,可以包含在外延较大的类概念之内,种概念从属于类概念,二者是从属关系。汉语中凡是在这种概念关系的基础上造成的词,反映在构词上,就是补充式中用物类注释说明的一类词。例如:

  茅草　鲤鱼　柳树
  芹菜　蝗虫　梅花

这类词的两个语素所表示的概念就是种概念和类概念的从属关系。例如,"梅"原来就是一种花的名称,"梅"是"花"的种概念,"花"是"梅"的类概念,所以"梅"和"花"是从属的关系。通过从属关系组成的新词,它的意义都是和表示种概念的语素的意义一致的。从构词的角度看,表示类概念的语素对表示种概念的语素在意义上起了注释和补充说明的作用。

(五)支配关系

　　支配关系是指前一个概念表示一种行为,后一个概念则表示这种行为所涉及的事物和情况,前者对后者有支配的作用。汉语词汇中有许多词就是在支配关系的基础上造成的。例如:

　　　　起草　埋头　庆功
　　　　担心　动员　分红

　　以上例词都是在概念之间支配关系的基础上组成的,反映在构词上就是动宾式的词。动宾式的词语所表示的概念之间,都表现为一种行为和行为所涉及的事物的关系。
　　在支配关系的基础上形成的新词,其意义都是由两个语素的意义融合并进一步引申而成,其中充当谓词性的语素往往起着更重要的作用。此外,很多汉语词汇中动补式的词也属此类。例如:

　　　　削弱　提高　改进
　　　　击破　降低　放大

　　这类词语素组合的逻辑基础,也是概念之间的支配关系。当然,动补式的词和动宾式的词有所不同。动补式的词,它的两个语素所表示的概念之间往往表示了一种行为和这种行为所造成的情况的关系。例如,"提高"是由于"提"的动作行为而造成"高"起来的情况。
　　所以,在动补式中,虽然谓词性的语素所涉及的不是它所支配的事物,但是它涉及着由它而造成的情况,没有前一种动作,就不可能产生后一种情况,从这一意义上说,后面的情况仍然受着前面动作的支配和影响。因此,动补式的词语组合的逻辑基础仍然是概念之间的支配关系。新词的意义也都是由两个语素的意义融合和引申而成,充当谓词性的语素,也同样起着更重要的作用。

第二章　汉语词汇的语义分析

（六）重合关系

重合关系是指一个概念的重复出现之后形成的前后概念的重复关系。重合关系反映在构词上就是重叠式的词。不过在构词中，词根语素重叠后形成的新词，在意义上与词根语素的意义相比，有的意义完全相同，有的也有所融合和发展。由此可知，汉语的造词和构词与逻辑是有密切联系的，虽然一些有逻辑关系的成分不一定都能组合成词，并且有一些词是根据语言本身的性质特点产生出来的，但凡是反映在构词上是属于句法关系的构成方式的词，它们的语素组合都是建立在一定的逻辑基础上。

人们造词时的认识和思维规律就是语素得以组合的根据，这些组合的方式不但体现了语素之间的各种逻辑关系，而且也给予了这些组合以可解释性。了解了造词构词的逻辑基础，对认识和分析词的构成问题是有实际意义的。例如，"鲫鱼"和"带鱼"两个词，从意义上看都是鱼，但是由于它们各自的语素之间的逻辑关系是不一样的，所以二者的构词方式是不同的。"鲫鱼"中的"鲫"本身就是一种鱼，"鲫"和"鱼"是种概念和类概念的关系，它的造词构词的逻辑基础是概念之间的从属关系，所以在这里，"鱼"对"鲫"只起着补充和注释的作用。

"带鱼"的情况却完全不同，"带"单独存在时并不表示"鱼"的意思，只有和"鱼"相组合形成"带鱼"时，才表示了一种鱼的名称。所以，"带"和"鱼"的关系是根据概念间的限定关系相组合的，因此反映在构词方式上，"带鱼"则属于偏正式结构。结合逻辑关系对词进行分析，对词的构成方式就容易了解了。当然，承认语素组合的可解释性，并不等于说这样构成的新词的意义都是语素表示的概念及其逻辑关系的简单反映。从以上分析中也可以看到，新词的意义完全可以在原有语素意义的基础上，通过引申比喻，或者根据客观事物发展的条件，以及社会运用中约定俗成的各种情况，使词义获得新的更进一步的发展。

所以，一个合成词的词义，是不应只从语素的意义和关系方面做简单理解的。但是尽管如此，我们也必须看到，人们最初造某个词时，从当时的认识和思维情况看，语素的组合是有逻辑规律可循的，而这种规律又必然要反映到构词方式中来，这就形成了造词构词的逻辑基础。在造词构词分析中，这种逻辑基础是绝不能被忽视的。

(七)限定关系

　　限定关系是指甲乙两个概念,其中甲概念是主要的,乙概念对甲概念起着限定说明的作用,从而使被限定说明的甲概念,在增加了内涵的情况下,从一个外延较大的概念,过渡成为一个外延较小的概念。所以,通过限定关系形成的组合体,就会使外延较宽的类概念形成外延较窄的种概念。从词的情况看,凡在限定的关系上组成的新词,它所表示的概念,都是它的主要语素所表示的概念的种概念。汉语中凡是在概念的限定关系的基础上造成的词,反映在构词上就是偏正式的词。例如:

　　　　飞机　胶鞋　公路
　　　　红旗　电扇　台灯

　　在限定关系的基础上组成的词,汉语词汇中是大量存在的。人们可以从不同的角度,对各种不同的事物进行限定,从而把两个表示不同意义的语素组合在一起形成新词。当然,语言和逻辑是不同的,所以语言中的词形成以后,有一部分词的意义,在社会运用和约定俗成中,往往又出现了新的变化和发展。例如,"红旗""白旗"等成词以后,它们的意义就不再单纯地表示"红的旗"和"白的旗"了,而是意义更加抽象化,具有了"象征革命"和"表示投降"等更加丰富深刻的新内容。

　　汉语的偏正式构词中还有一部分词,它的语素组合虽然也是建立在概念的限定关系的基础上,但是和前面所谈的情况却不完全相同,如"雪白"等。这类词的两个语素所表示的概念之间往往存在着一种比喻式的限定关系,表示喻体的概念对表示被喻体的概念加以限定,这样产生的新词所表示的概念,比原语素中表示的被限定的概念,在意义上起了进一步加强的作用,但二者却未形成种概念和类概念的关系。

　　除偏正式构词外,在概念的限定关系的基础上进行造词的,还有补充式中用事物单位名称注释说明的一类词。例如:

　　　　纸张　布匹　房间
　　　　船只　车辆　花朵

这类词的语素也是表示了两个不同的概念,其中后一个表示事物单位的概念对前一个表示事物的概念加以限定,并对被限定的概念起着注释补充的作用。这样形成的词,其意义往往都是表示着被限定事物的集体概念的意义。

(八)判断关系

判断关系是指两个概念连在一起,可以构成一个判断,前一个概念可以充当判断的主项,后一个概念可以充当判断的谓项。汉语中以判断关系为基础造成的词,反映在构词上就是主谓式的词。例如:

国营　性急　自觉
年轻　胆怯　眼馋

从逻辑方面分析,这类词的前后两个语素所表示的概念,完全能够充当判断中的主项和谓项,并因此而构成了一个判断。例如,"性急"说明了"性子是急的"就是一个判断。

第三节　词义研究及发展演变

一、词义研究

(一)词义的特点

词义具有显著的特点,概括来说主要包括以下几方面。

1. 概括性

词义是客观事物或现象在人们头脑中的概括反映。概括,就是把客观存在的事物或现象的共同特点归结在一起。词义所反映的任何一种客观事物或现象都是进行了概括的。在概括的过程中,既抓住了共同特点,又舍掉了许多个别的具体的东西。例如,"人",它的词义就概括了人的一切属性,也包括古今中外一切活人和死人。又如,"旗子"这个词,它的意义是"用布、纸、子或其他材料做成的标志,多半是长方形或方形"。这个意义是从"红旗""国旗""彩旗"等概括起来的,它并不是指某个具体的旗子。再如,"分析"这个词,它的意义是"把事物、现象、概念等划分成简单的部分,找出它的本质、属性或因素"。这个意义是从"化学分析""分析问题""把这件事分析一下"等活动现象概括起来的共同特点。

由此可以看出,词义反映的都是概括起来的同一类事物或现象的共同特点。它可以把这一类事物或现象同其他事物或现象区别开来。例如,"发明"的词义和"发现"的词义都是从人们的活动现象中概括起来的,它们都概括地反映出一类现象的共同特点,这就把客观存在的两类不同的现象区别开了。

2. 社会性

语言是人类最重要的交际工具。任何语言都是为了交际的需要而创造的,并且是在全社会成员的交际中逐步发展起来的。所以,语言既不是自然现象,也不是个人现象,而是一种社会现象。同样,语言中的词义也是使用同一种语言的社会成员共同确定下来的。它不是由个别的人任意规定的。因此,词义才能成为社会成员所共同理解的部分。

声音和意义结合在一起成为说汉语的人共同使用的词,这个词表达了共同了解的词义,这就是所谓的"约定俗成"。词义既然是社会成员在使用中共同确定下来的,它就具有社会性。就是说,使用同一种语言的人所使用的词,它的词义就应该是大家共同了解的。如果我们不能正确理解词义,就不能正确理解别人的意思,也不能准确地表达思想。

例如,我们说"骏马在飞奔",大家都知道句中的"骏马"一词是指"跑得很快的马""好马",又如"为实现四个现代化攻克科学堡垒"中的"堡垒"一词,原义是"在冲要地点作防守用的坚固建筑物",可是在本句中是用来比喻科学上难于攻破的事物,这个比喻义也是大家都明白的。词义具有的这种社会性使人们交流思想成为可能,也只有正确地理解词义,才能很好地交流思想。

3. 发展性

语言的词汇几乎处在经常变动中。词汇的变动表现在两方面：一方面表现为新词的产生和旧词的消亡，另一方面表现为词义的发展变化。词义的发展变化表现的形式是多种多样的。有的是词的意义所反映的对象比以前扩大了。例如，"江"原来只是长江的名称，后来泛指一切江水。"河"原来只是黄河的名称，后来泛指一切河流。有的是词的意义所反映的对象比以前缩小了。有的是词义所反映的对象发生了转移。例如，"走"在古代是跑的意思，现在是"步行"。词义的发展变化，也表现在一个词的义项的增减方面。例如，"形势"本来只有"地势"这个意义，如"形势险要"。现在有了"事物发展的状况"的意义，如"国际形势"。"怜"在古代有两项意义：一个是"怜悯"，一个是"爱"。现在只用"怜悯"这个意义。

4. 准确性和模糊性

词义是明确的，同时又是模糊的。例如，"高"与"矮"相反是明确的，但具体到某一物或人，就具有一定的模糊性，一米几以上的人为高？多少米的山为高？谁也答不上来。当然，不是所有的词都同时具备这两重性，也不是在任何语言环境中词义都准确或者都模糊。

例如，"中华人民共和国"总是明确无误的，而"上午"之类的时间名词，"红""快"之类的形容词，"桌""杯""点"之类的量词则总是有点模糊性。词义的两重性给词语的运用带来方便，如"高个子"这个词，我们可以随意称呼身长较一般人为高的人，而不必具体确切地得知人们的身高后再去"一米八的人""一米九的人"那样称呼了。

（二）词义的内容

1. 概念义

概念义是词义构成的基础。它是一个词的核心意义，是人类对客观

事物的性质、特征等的基本界定。通常情况下,词典对词给出的解释大多是概念义。例如:

爱国:热爱自己的国家。
查阅:查找阅读。
矮小:又矮又小。
桌子:上有平面,下有支柱,面上用以放东西或供做事情用的家具。
安静:没有声音,没有吵闹和喧哗;安稳平静。

2. 附属义

附属义是指人们附加在词语上的意义,包括感情色彩和语体色彩。
(1)感情色彩

感情是人们对客观对象的主观态度、感受或评价。词在指称客观事物或现象时所表达的人们对该事物或现象的爱憎褒贬等感情,就是该词的感情色彩。概括来说,词的感情色彩可以分为褒义、贬义和中性三种类型。

①褒义色彩。褒义是指词语身上带有赞许、喜爱等表示肯定的主观色彩。例如:

美丽　大方　温柔
正直　才干　自信
勇敢　干净　诚实

②贬义色彩。凡是表达了批评、厌恶、轻视等感情的词,其感情色彩就是贬义的,是贬义词。例如:

小气　愚蠢　自负
庸俗　丑陋　虚伪
无耻　卑鄙　欺骗

③中性色彩。中性词指的是没有明显感情倾向的词语,既可以用在赞美、喜爱等场合,也可以用在批评、厌恶等场合。中性词在汉语中占大多数。例如:

明白　了解　兴趣
下雪　洗脸　小孩
上网　邮件　钱包

(2)语体色彩

词语的语体色彩就是指这个词是惯常使用于书面语体还是口头语体中。常用于书面语的词具有书面语体色彩,常用于口语中的词具有口头语体色彩。

①书面语体色彩。书面语体色彩词庄重典雅,用于较为正式的场合。例如:

给予　磋商　文案
弊端　沐浴　来宾
孤高　耿直　亵渎

②口头语体色彩。口语语体色彩词一般通俗易懂,常用于日常交际。例如:

乡下　脑袋　估摸
拉扯　劲头　开心
日头　辣子　馍馍

3.联想义

词的联想义是指通过联想而产生的词的新意义。简单来说,就是词除了本身带有的意思之外,还会让人们联想到一些别的意思,这些意义总是和词语的概念意义联系在一起,但是又不属于词本身的意义。联想义常出现于某种语境中,它属于隐含的意义。例如,人们一提到"天安门",就自然而然地会联想到中国的首都北京。但是"北京"并不属于"天安门"的词义范围内,所以这些都属于词的联想义。

联想义是以经验为依据的。它因不同的文化而存在着差异,义项也较多变化,所以属于开放系统。例如,"妇女"这个词,可以让人联想到"养儿育女""温柔体贴"等。在一种文化下,"妇女"的联想义可以是"脆弱的""需要庇护的";而在另一种文化下,"妇女"的联想义也可以是"干练的"等。

4. 社会义

词的社会义是指由于社会环境、时代背景、思想、职业、语言或方言等的不同而产生的意义。例如,在中国处于封建社会阶段的时期,"女性"的联想义之一是"柔弱",它的社会义之一是"地位低下,是男性的附庸"。通常情况下,词的社会义和联想义是相互交织在一起的。

(三)词义的解说

1. 概括要准确

解说词义有一个传统的方法,就是"字不离词,词不离句"。这种方法的好处是不脱离语言运用的实际,不脱离上下文。因为学习一篇文章或者讲解一篇文章,是要把文章的内容弄懂,着重领会它的精神实质。搞清楚文章中一些词的词义,目的也是为了理解全篇的内容。解说词义,当然不能脱离这样的目的。但是,这样解说词义,也要注意防止出现把词义解说得支离破碎或者概括不准确的倾向。

(1)字不离词

字不离词是解说合成词的词义的方法。"字"指构成合成词的语素,分析语素对理解合成词有时候很有帮助。例如,"举"单独作为一个词来用,是"向上托"的意思,还有"推选"的意思。但是,充当合成词语素的"举"还有一个"全"的意思,如"举国欢腾"里的"举国",是"全国"的意思。结合着"举国"等合成词,解说"举"是"全"的意义,既可以讲明"举"这个字的意义,又可以讲明用"举"构成的合成词的词义。需要注意的是,分析语素不能望文生义,解说要合乎科学。不注意准确地概括,单就字面进行解说,就会发生错误。

(2)词不离句

词不离句是结合上下文解说词义的方法。一个词只有在具体的上下文里才有明确的意义。离开上下文,就很难解说它的准确含义。当然,结合上下文、不脱离句子解说词义,也要防止另一种偏向,即把词义局限于某一具体的句子上,片面理解词义。比如"国际主义"这个词,本来是"各国无产阶级、劳动人民在民族解放、消灭资本主义制度的斗争中互相支持、紧密团结在一起的思想"的意思,但由于这个词出现在"罗盛教烈士的国际主义精神与朝鲜人民共存"这句话中,联想到罗盛教是抗美援朝的战士,就曾有人想当然地把"国际主义"的意义解为"出国去援助别人",这就是片面地理解词义。所以,必须注意词义概括的准确性。

2. 表达要明确

词义的解说,可以有详有略。不论怎样解说,表达都应该明确。比如"思维"这个词,《新华字典》是这样解说的:思维,在表象、概念的基础上进行分析、综合、判断、推理等认识活动的过程。

一般解说,可以说得简单点。简单地说,思维就是动脑筋,进行思考,思想是动脑筋产生的结果。也可以举例说明它的某一方面的特点。思维是人脑活动的能力,它是没有阶级性的,我们不能说"资产阶级的思维"和"无产阶级的思维"。这个词,在哲学词典里一般要用很大的篇幅来解说,那就更详尽了。总之,我们解说词义,应该根据需要,力求简明扼要,避免烦琐。

(四)多义词的词义类型

多义词有多个义项,根据它们各自所处的不同地位,可以分为本义、基本义、引申义、比喻义和假借义等。它们之间的关系并不平等。一般说来,本义和基本义的地位要高于引申义、比喻义和假借义,因为后者是由前者派生而来的。由于基本义的使用更为常见,所以有的时候,它所处的地位甚至要比本义还重要一些。

1. 词的本义

词的本义是指一个词本来的意义或最早的意义。这里所说的"最早的意义"是指这个词在历史文献或书面记载中最早见到的意义。在文字产生以前,一个词可能有更早的意义,但是由于条件所限,没有书面材料可供验证,我们无法知道。因此,词的本义是指一个词在文献记载中最早出现的意义。随着语言的发展,许多词的本义因为不再使用而在语言中逐渐消失了。例如:

"我"的本义为"武器",现在用来表示第一人称代词。
"难"本义为一种鸟,现在表示"困难"。
"自"本义是"鼻子",现在表示"自己"。

还有一部分词的本义如今基本不再被单独使用,但仍作为一个语素保留在某些词语中。例如:

"干"的本义是"一种防身的作战武器,即盾牌",这个义项在现代汉语中基本已经消失了,但还保留在一些成语中,如"大动干戈"。

"斤"的本义是"斧头",该义在现代汉语中已经消失了,但在成语"弄斤操斧"(用斧头砍东西)中仍然得以保留。

所以,我们在处理这些成语的时候要特别注意,如果用现代汉语的意义去理解的话就会犯错误。

2. 词的基本义

词的基本义指的是词在现代汉语中最常用的意义。词的本义与基本义是有区别的。有时词的本义跟基本义一样。例如,"你"的本义和基本义都是指"说话的对方",是个代词。再如,"厚"的本义和基本义都是"厚度",跟"薄"相反。但有的词语的本义与基本义不一样。例如,"发"的本义是"射箭",而基本义却是"发出",如"发工资""发电报"等。"池"的本义是"护城河",在现代汉语中已经消失了,它的基本义是"池塘"。因此可以说,词的本义是就词义的来源而言的,而词的基本义是就词的运用而言的。

3. 词的引申义

词的引申义是指由词的本义或基本义发展而来的新意义。比如,"向"字本义为"朝北的窗户",由于窗户总会处于某一个方向,于是由此引申出了"方向"义。再由"方向"义引申出"表示动作的方向",用作介词,如"向左走""向我微笑"等。又比如,"好"的本义是指"人的容貌很美",由本义"容貌美"引申出"心灵美、内心善良",如"王老师心真好"。由于"容貌很美"是优点,又引申为"优点多的"和"令人满意的",如"良好""好人"等。关于词义的引申,主要有两种方式。

（1）直线式词义引申

在这类词义引申方式中,义项 A 引申出义项 B,B 又引申出义项 C,C 又引申出义项 D,如上文提到的"向"字,由本义"朝北的窗户"引申出"方向",再由"方向"引申出"表示动作的方向",属于直线式词义引申。

（2）辐射式词义引申

在这类词义引申方式中,义项 A 除了引申出义项 B 之外,还引申出义项 C,如上文提到的"好",由本义"容貌美"分别引申出"心灵美、内心善良""优点多"等义项,属于辐射式词义引申。

4. 词的比喻义

有的词还有一种通过比喻而产生出来的引申义,就是词的"比喻义","比喻义跟一般的引申义不同之处在于它不是直接从词的基本义转化而来的,而是通过基本义的借喻而形成的。例如,"壁"的基本义是"墙","壁画"是说画在墙上的画。在"解放军是保卫祖国的铜墙铁壁"一句中的"壁"比喻"强大的保障"。"旧社会穷苦知识分子为找工作到处碰壁"中的"壁"比喻"人为的障碍"。又如：

新长征的号角吹响了。

"长征"的基本义是"长途出征"，特指中国工农红军1934—1935年由江西转移到陕北的"二万五千里长征"。而这个句子中的长征比喻"全国人民在党中央领导下为实现'四个现代化'而奋勇迈进的步伐"。

国民党反动派的精锐部队七十四师在孟良崮战斗中全军覆没了。

"覆没"的原义是"船沉没"，这里比喻军队全部被消灭。

在书面和口头语言中恰当地运用表示比喻意义的词，能使语言生动而且具有鲜明的形象性。例如，在"她的心灵上的创伤久久不能愈合"这句话中，把"思想上所受的损害"比作"创伤"，都把语言形象化了。除此以外，运用词的比喻义还可以突出鲜明的感情色彩，如"意大利法西斯头子墨索里尼是一个吸人血的魔鬼"，用传说中无恶不作的魔鬼比喻邪恶的法西斯头子，突出了痛恨的感情。应该注意的是，词的比喻义跟词在修辞上的比喻用法是不同的，应该明确地加以区别。比喻义是词的一种已经固定下来的意义，人们已经不觉得它是一种比喻。而修辞学上的比喻却只有在特定的语言环境中才加以应用。从语言发展的历史看来，比喻义是由比喻用法发展而来的，但后来比喻义成了词的一种固定的意义，它们中间就有了差别。

5. 词的假借义

词的假借义是指通过假借而来的意义。"假借"即本身没有，从外面借来的，借用的依据就是两个词之间存在音同或音近关系。词的假借义的出现反映了古代汉语的一种特殊的语言现象，即因为汉字数量相对有限，无法满足语言的表达需要，所以有时会借用意义不同但读音相同或相近的字来记录新词。比如，"而"的本义是"胡须"，假借用作连词"而"。"莫"的本义是"日落"，后来假借表示"没有"。"蚤"的本义是"跳蚤"，假借为"早晨"的"早"。

第二章 汉语词汇的语义分析

二、词义的发展演变

（一）词义演变的类型

1. 词的一个意义的演变情况

词的一个意义的演变情况大致可表现为以下四种类型。
（1）词义的丰富和深化
词义的丰富和深化是指词的某一个意义在外延不变的情况下，在内涵方面发生了由简单到复杂、由肤浅到深刻、由不正确到正确的变化和发展。形成这种发展变化的原因，一般有两个方面。

第一，在客观事物基本不变的情况下，由于人们认识的发展，从而对客观事物的认识改变了，因此影响到词义的变化和发展。例如：

> 鬼：过去理解为"人死曰鬼"，而且把"人死后变为鬼魂"的行为和"人死后变成的鬼魂"这一事物，都看成真实的存在。现在则理解为，过去的人们认为"人死曰鬼"是一种迷信的不科学的说法。
>
> 鬼火：过去把这种在野地里燃烧的火和"鬼"联系起来，因而称为"鬼火"。现在则认识到这是"磷火"，是磷化氢燃烧时的火焰。

由以上例词中可以明显地看出，在人们认识发生了变化和发展时，会直接影响到词义的变化和发展，在这种情况下，有的词义内容比过去丰富充实了，有的则由错误变为正确了。

第二，客观事物本身有了变化和发展，从而使人们对它有了新的认识，并因而促成了词义的丰富和深化。例如，"运动"一词的一个义项是表示"体育活动"，随着体育活动的项目和方式的发展，体育活动的内容逐渐丰富和多样化起来，这种客观情况又直接影响到了"运动"一词的这一义项，所表示的意义变得丰富充实起来。例如，现在我们对"要参加运动,锻炼身体"中"运动"的理解,就包括了跑、跳、体操、武术等各种各样的体育活动的内容。由此可见,客观事物本身的发展也可以使词义的内容逐渐丰富深化起来。

（2）词义的扩大

词义的扩大有这样两种类型。

第一,词义扩大后,原来狭小的意义只保留在词的历史中,而在现行词中这个意义消失了,就是说旧义和新义不是并存的。例如:

江:在古代专指长江,后来泛指一切江。
河:古代仅指黄河,现在泛指一切河流。

这两个词原来是专有名词,后来成为普通名词了。

毛病:原来指恶马身上的旋毛,徐咸《马相书》称:"马旋毛者,善旋五,恶旋十四,所谓毛病,最为害者也。"现在泛指一切事物的缺点或不足之处。

中国:古代的意思是"国中",相对四方而言,指我国中部,是中华民族的一部分疆土。《诗经·民劳》"惠此中国,以绥四方。"大意是:先把愿德加在周朝的京城地方,那才可以安定四方的诸侯。

雌:原来指鸟之阴性者,后泛指一切生物之阴性者。
雄:原来指鸟之阳性者,后泛指一切生物之阳性者。
嘴:原来仅指鸟的口部,后来泛指动物(包括人)的口部,以及形状或作用像口的东西。

这种词义扩大,旧义虽然不再与新义并存,但是新义依然包括了旧义指称的事物,依然可以用新义去指称原来旧义指称的事物,只是不再局限于旧义的指称范围上罢了。

第二,词义扩大后,原来的意义和扩大后的新义并存,即一个词有几个相关联的意义。

（3）词义的缩小

词义缩小的演变过程及其结果,正好同词义的扩大相反。词义原来的指称范围比较广大,后来变得比较狭小了,这就是词义的缩小。

例如：

金：原指一切金属。"木受绳则直，金就砺则利，君子博学而日参省乎己，则知明而行无过矣。"（《荀子》）

丈夫：古代男子通称为"丈夫"，现在专指女性的配偶。

事故：古代指各种事情，现在专指意外的不幸的事。

丈人：古代指男性长老者，现在专指妻之父。

瓦：原指"一切用土烧制成的器皿"，现在只指"用土烧制成的用来铺盖屋顶的建筑材料"。

坟：原义可指"一切高大的土堆"，现在却专指"坟墓"。

臭：原义指"一切的气味"，现在专指"坏味"。

禽：原为"飞禽走兽的总称"，现在只指"飞禽"。

子：原义包括"儿子和女儿"，现在却只指称"儿子"一方。

勾当：原义可以指"各种事情"，现在专指"坏事情"。

事故：原义也是指"各种事情"，现在专指"在生产上或工作上出现的意外的损失或灾祸"。

以上例子，古代的词义指称的范围广大得多，而现在的词义所指称的范围则是古代词义很小的一个局部，这是很典型的词义的缩小。

（4）词义的转移

词义的转移是指词的意义所指称的对象由甲转换为乙。例如：

去：古代是"距离""离开"之意，如："我以日始出时去人近，而日中时远也。"（《列子》）现在"去"的意思是"由甲地（对说话人是近处）向乙地的移动"。

走：古代是"跑"的意思，如："宋人有耕者，田中有株，兔走触株，折颈而死，因释其耒而守株，冀复得兔。"（《韩非子》）现在"走"是指动物（包括人）的双脚交替缓行。

兵：古代是指兵器，如："及至文、武，各当时而立法，因事而制礼。礼法以时而定，制令各顺其宜，兵甲器备，各便其用。"（《更法》）现在"兵"是指军人，战士。

权：原指"秤锤"，现指"权利"。

事：原指"官吏"，现指"事情"。

钱：原指"一种农具"，现在则指"钱币"。

斤：原指"斧子一类的工具"，现在则指"十两为一斤，是重量单位"。

精：原指"上等的细米"，现在则指"经过提炼或挑选的"和"精华""完美"等意义。

脚：原指"小腿"，现在则指"人或动物的腿的下端，接触地面支持身体的部分"。

书记：原指"秘书"，现在则指"党团组织的负责人"。

牺牲：古代指统治阶级祭神用的牛、羊、猪等祭品，如："牺牲玉帛，弗敢加也，必以信。"(《左传》)现在"牺牲"是指"为了正义的目的舍弃自己的生命，或泛指放弃、损害一方的利益"。

行李：古代指两国来往聘问的使者，如："行李之往来，共(供)其乏困。"(《左传》)现在指"外出携带的行装"。

消息：古代指生长消灭或兴盛衰落，如："日中则昃(昃，太阳西斜)，月盈则食(蚀，亏缺)，天地盈虚，与时消息。"(《易·丰》)现在指"音讯、新闻"。

就现有情况来看，造成词义转移的主要原因，还是词的义项发展变化的结果。例如，"年"原为"谷熟"的意思，后来引申出新义为"年月的年"，在发展过程中，它的原义逐渐消失了，从而形成了"年"的词义转移的情况。另外，由于假借的原因，也可以造成词义的转移。例如，"密"原义是指称"一种山"，后假借为"精密字"，后来在使用的过程中，"密"的原义消失了，假借义"精密"却被普遍使用起来，结果形成了"密"的词义的转移。当然，现在"密"作为"精密"解的独立的词义已很少使用，它已逐渐转化为语素义了。

2. 一个词的意义的演变情况

一个词的意义的演变情况，大致可表现为义项的增多和义项的减少两个类型。

（1）义项的增多

词的义项增多也是词义演变的规律之一，它是词义在一个词的范围

第二章 汉语词汇的语义分析

内表现出来的变化和发展,也就是指一个词的范围内所表示的义项的增加和发展。词义是表示概念的,因此词的义项增多就是表现为同一个词的形式所表示的概念的增加,从而影响到了该词新义的增多、丰富和发展。但是它的新义的出现,只是表明了它的新义项的增加,却不会妨碍原有义项的存在,更不会引起旧义在该词范围内的消亡。在词的义项增多的情况下,新旧义项在一个词的形式内完全可以同时并存,并且各自保持着自己的独立性。例如:

手:原义是指"人体上肢前端能拿东西的部分"。后来它又增加了"拿着"这一义项,如"人手一册"和"擅长某种技能的人或做某种事的人",如"能手""拖拉机手"等义项。

"手"的几个意义完全是包括在一个词的形式之内的几个完全不同的义项,很明显,"手"的新义都是在"手"的原义基础上产生出来的,新义产生之后,原义仍然存在,新义和原义都在"手"这一词的形式之内同时并存,并且又都保持着自己的独立性,它们可以分别被人们自由运用。这些义项所表示的意义各不相同,每个意义都有自己的概念对应性和具体事物的对应性。它们出现的语言环境也各不相同,所以这些义项在任何情况下都不能混淆使用。

词的义项通过演变和增多以后,基本上可以表现为两种不同的情形。第一,词的原义和新义并存,原义仍处于基本义的地位。在义项增多中,这种情况是大量存在的。例如:

老:年纪大,如老人,老大爷。老年人,如扶老携幼。很久以前就存在的,如老厂、老根据地。陈旧,如老机器,房子太老了。原来的,如老脾气,老地方。

讲:说,如讲故事。解释,说明,如这本书是讲气象的。商量,商议,如讲价儿。

头:人身最上部或动物最前部长着口、鼻、眼等器官的部分。指头发或所留头发的样式,如梳头,梳什么样的头。物体的顶端或末梢,如山头儿,中间粗两头儿细。事情的起点或终点,如提个头儿,什么时候才走到头儿。

舌头:辨别滋味、帮助咀嚼和发音的器官,在口腔底部、根部固定在口腔底上。为侦讯敌情而活捉来的敌人。

黑暗：没有光，如山洞里一片黑暗。比喻社会腐败、政治反动。

以上各例词所包含的义项数目虽然不完全相同，但是它们有一个明显的共同点，即它们的第一个义项都是原义，其他的义项都是在这一义项的基础上产生出来的。可是新义项的产生和存在并没有造成原义的消亡，相反地，它们却共同存在于同一个词的意义范围之内，并且各自保持着自己的独立性。

第二，原义和新义虽然并存，但新义已成为基本义，原义却退居到了次要的地位。例如：

世：原义"是父子相继为一世"。现在则是：人的一辈子，如一生一世。有血统关系的人相传而成的辈分，如第十世孙。

时：原义是指"季节"，即"称春夏秋冬为四时"。现在则是：指比较长的一段时间，如盛极一时。规定的时候，如按时上班。季节，如四时。

从以上例子中可以看出，它们的原义显然已退居成为次要的义项了，可是它却仍然作为一个独立的义项存在着，新义和原义也是在同一个词的形式内同时并存，并且各自保持着自己的独立性。所以，它们也是义项的增多。

（2）义项的减少

义项的减少是指在一个词表示的几个义项当中，有的义项从这个词的意义范围之内消失了。例如，"强"，《辞源》1980年的修订本（下同）中注释为：

强：虫名。《说文》："强，蚚也。从虫，弘声。"

壮健有力，与"弱"相对。

强盛。《孟子·梁惠王·上》："晋国，天下莫强焉。"

胜过，优越。宋苏轼《经进东坡文集事略》二四《上神宗皇帝书》："宣宗收燕赵，复河湟，力强于宪武矣；销兵而庞勋之乱起。"

第二章　汉语词汇的语义分析

坚决。《战国策·齐》一："七日,谢病强辞。"

有余,略多。唐杜甫《杜工部草堂诗笺》十八《春水生二绝之二》:"一夜水高二尺强,数日不可更禁当。"

姓。《左传·庄十六年》有强姓。

《现代汉语词典》(修订本)的注释则是:

强:力量大(跟弱相对),如工作能力强。

感情或意志所要求达到的程度高,坚强,如党性很强。

使用强力:强迫,如强渡,强占。

优越:好(多用于比较),如今年的庄稼比去年更强。

接在分数或小数后面,表示略多于此数(跟"弱"相对),如实际产量超过原定计划百分之十二强。

当然,我们不能要求不同辞书的注释都绝对相同,但是比较两种辞书的注释,就会发现它们基本上是相同的,如《辞源》中所列的第二项到第七项,在《现代汉语词典》(修订本)中,都能或者基本能找到对应的义项,可是第七项表示的意义,现在却不再存在了。

由以上两种演变类型的具体分析可以说明,词义在一个词内的发展变化和在词的一个意义中的发展变化是完全不同的。很明显,无论义项的增多或者义项的减少,它们都只是义项的增减,绝不影响其他义项的存在,新义项的产生绝不会导致旧义项的消亡,新旧义项完全可以同时并存;另外,旧义项的消亡也不会引起原有的其他义项的改变。由此可见,在一个词的范围内,无论义项发生怎样的变化,它们的各个义项都能够各自保持着自己的独立性,这一点正是一个词的意义发展演变的不同类型所共同具有的性质和特征。

(二)词义演变的规律

1.词义演变的类型与演变规律的形成

涉及词的一个意义或一个词的意义的变化时,都首先表现为义项的增多。词义演变呈现为义项增多的情况之后,又会出现各种复杂的情形。

第一,义项增多的演变结果,使单义词变成了多义词,或者使原来的多义词义项更加丰富起来。

第二,义项增多之后,对分化出来的新义项来说,则是词义分化造词。

第三,义项增多之后,新旧义项在并存使用的过程中逐渐发生了变化。新义项逐渐变成了常用义,旧义项却逐渐缩小其使用频率,直至出现了最后消失的现象。

2. 多义词在词义演变中的作用

义项增多在词义演变中是一种非常重要的不可缺少的类型,而多义词正是义项增多这一演变类型存在的载体,多义词的出现就是词的义项增多的结果。其中有些意义的变化在这种使用中被社会认可到一定程度时,多义词则会通过义项减少的手段来将这种演变的结果固定下来,从而使这一演变得以完成。由此可见,没有词义的义项增多和减少,没有多义词的存在,任何词义的演变过程都是很难进行的。观察词义演变的各种类型,除词义的丰富和深化外,词义演变的其他类型都是和词义的义项增多有着密切的联系,一个词只有当义项增多后才能出现义项减少的变化,而词义的扩大、缩小和转移,又都是在义项增多和减少的演变中表现出来的,而在这整个的演变过程中,多义词却始终是一个不可缺少的成分。所以说,在词义演变的过程中,多义词起着重要作用。

以上谈的都是词汇意义发展演变的情况。此外,词义的演变也可表现在色彩意义方面和语法意义方面。

词的色彩意义有时是随着词汇意义的变化而发生变化的。例如,"乖"过去是"违背,不协调"的意思,具有中性和贬义的色彩;现在"乖"的词汇意义变为表示"伶俐、机警"的意思,因此它同时具有了褒义的色彩。有时在词汇意义不变的情况下,色彩意义也可以发生变化。例如"老爷"一词,过去是用来"对官吏及有权势的人的称呼",是个中性词,有时还能具有褒义的色彩。但现在人们在运用这个词来称呼某些人时,却有了讽刺和不满的意味,如"干部不是人民的老爷"。色彩意义发生这种变化,是和社会制度的改变以及人们的认识和道德标准的改变等方面分不开的。

词的语法意义的改变也是和词汇意义方面的变化有着密切的联系,而且这种联系多是通过义项的增多来实现的。例如,"领导"一词原为"率领并引导朝一定方向前进"的意思,是动词,后来又增加了一个义项,表示"领导人"的意思,新义项则是名词了。

从以上分析可以看出,词汇意义的演变和发展永远是词义发展的重要方面和主要的内容。此外,词义的变化和发展的情况,还能够影响到更多的方面,如词义的变化使词与词之间的相互组合受到影响的问题,词义的改变影响到词义类聚的改变和调整等,这些现象都是经常不断发生的,也是整个语言系统发展中的一些重要的内容。对于这些问题的探讨,还有待于我们今后继续进行多角度、多层次的更加广泛深入的观察和剖析。

第四节　词汇的选用原则及意义选择

一、词汇的选用原则

无论是讲话还是写文章总是离不开选用词。所以,选用词具有重要意义,概括来说,在选用词汇时应遵循一定的原则,这些原则主要包括以下几方面。

(一)用词要表达简洁

用词做到表达简洁,这句话的意思是说在写文章和讲话中没有多余的、无用的词。《史记·吕不韦列传》说,吕不韦主持门下食客编著了一部《吕氏春秋》,并把它公布在咸阳市门,请过往诸侯游士宾客增删,有能增删一字者给千金重赏,以此来显示《吕氏春秋》用词的精当。这样的做法显然有些夸张,但从中可以得到重要启示,即无论是说话还是写文章,都要做到用词简洁。下面举一些用词不简洁的例句。

(1)你应该改掉这些坏习惯。
(2)她太热了,于是用手从头上摘下自己的帽子不断扇着。
(3)她太胖了,她决定开始从头到脚减肥。
(4)他有着远大的、崇高的、令人羡慕的理想。
(5)他的妈妈去世离现在已经九年了。
(6)谁知这次分手,竟是他们最后的永诀。

（7）她的孩子非常喜欢这个美丽的、年轻的、二十几岁的老师。

（二）用词要表达准确

用词做到表达准确，是指我们说话写文章所使用的词，对于打算表达的意思来说最是恰当的，表现力也是最充分的。词离开具体的表达需要，本无准确不准确的问题，所以我们使用词要从表达需要这个实际出发。讲话写文章的目的，按照最通常的说法是为了表情达意。人们都希望自己的文章、讲话能够得到读者、听者的赞赏。而要取得这样理想的效果，一个重要条件就是用词要合乎表达准确的原则。概括来说，要想取得表达准确的效果，必须要做到以下几点。

1. 用词要做到概念准确明晰

用词要做到概念准确明晰，如北宋王安石有一首绝句《泊船瓜洲》：

京口瓜洲一水间，
钟山只隔数重山。
春风又绿江南岸，
明月何时照我还？

当时有人从他的草稿中发现，"春风又绿江南岸"一句中的"绿"字，曾先后写了"到""过""入""满"等十来个字，最后才定为"绿"字。这个"绿"字确实比改掉的其他字都好，准确地描绘出了诗的意境，不仅点染出了江南富有魅力的春色，而且映现出了万物复苏、生机盎然的春的活力。又如：

（1）但我是向来不爱放风筝的，不但不爱，并且嫌恶它，因为我知道这是没有出息孩子所能的玩艺。

（2）但我是向来不爱放风筝的，不但不爱，并且嫌恶它，因为我以为这是没有出息孩子所能的玩艺。

第二章　汉语词汇的语义分析

以上两句话,引自鲁迅的《风筝》一文,(1)是初稿,(2)是改定稿。(2)将(1)中的"知道"改为了"以为",因为"知道"一词的意思是说"对于事实或道理有认识",而鲁迅在上面那句话中想要表达的意思,是说他当年的一种与童心不通的个人好恶,那么既然是个人好恶,自然可能会与其他人的观点不一样,所以要想表达这个意思,用"以为"就比"知道"要准确很多。再如:

(1)那坐在后面发笑的是上年不及格的落第生,在校已经一年,故颇为熟悉的了。

(2)那坐在后面发笑的是上学年不及格的留级生,在校已经一年,故颇为熟悉的了。

以上例句引自鲁迅的《藤野先生》一文,句(1)是原稿,句(2)是改定稿。句(1)有两处用词在概念上模糊,即"年"和"落第生",经过鲁迅琢磨推敲,"年"改为"学年","落第生"改为"留级生",改用的这两个词就清晰准确了。

首先,"年"是自然时间的单位,而"学年"是学校教学时间的单位,从秋季开学到次年暑假前,或从春季开学到次年寒假前,所经历的这段教学时间为一学年。就这两个词的含义和概念看,它们是有明显差别的,不能混淆。

其次,"落第"是科举时代应试未中的意思,后来泛指升学、招聘、竞赛考试未被录取或榜上无名,"落第生"就是未被录取的考生。句(1)中写到的那个"坐在后面发笑"的学生,作者的本意是说这个学生在上一学年的考试成绩不合格,因而没有资格升入高年级。用"落第生"来表达这个本意,显然也是不妥的,改用"留级生"这个词,不仅合乎大家习惯的说法,而且也更加准确了。

2. 用词要注意语体的特点

用词注意语体的特点是用词做到表达准确的一个重要方面,因为有相当一部分词的词义,本身就含有语体特点的因素。

首先,口语体和书面语体在用词方面有通俗和文雅的差别。同是口语体,日常社会生活的口语和涉外场合的口语,在用词方面也不尽一致,前者灵便自若,后者严谨庄重。

其次,同是书面语体,由于文体形式有各种不同类型,在用词方面也就随之显示出不同的特点。表述法规、党的路线方针政策、政府工作报告、外交事宜的各种正式文稿,在用词方面就具有高度的准确、概括、精密以及庄重严肃又通达显豁的特点。各种小说、诗歌、散文等文学作品在用词方面在准确的前提下,又具有具体、形象、生动、活泼的特点。例如,《红楼梦》九十六回写到林黛玉听说贾宝玉、薛宝钗定亲这个不快消息时的心情是这样的:那黛玉此时心里,竟是油儿、酱儿、糖儿、醋儿倒在一处的一般,甜、苦、酸、咸,竟说不上什么味儿来了。

曹雪芹完全没有用"痛苦""难受"一类对于文学作品说显得平庸、概念化的词语,而精心选择了表示味觉印象的一些词,又用了"倒在一处"的词组,使几个具有味觉印象的词的含义顿然又得升华。文艺作品的用词如果和法规一类文稿的用词一样,那么这样的文艺作品大概就不会有什么读者了;相反,法规一类的文稿的用词如果像文艺作品的用词那样五花十色,千姿百态,那么也难免令人们感到莫名其妙,甚至啼笑皆非。

(三)用词要做到表达明白易懂

概括来说,用词做到表达明白易懂,需要做到以下几点。

1. 要注意多用生动活泼的口语词

不要误以为写文章非要用上一些文绉绉的"高明词",这是一种极幼稚的想法。讲话写文章,其实就是在同别人谈心,交流思想,既然这样,就应该明白需要老老实实地说出来、写出来。安徽九华山有这样一副楹联:"非名山不留仙住,是真佛只说家常。""家常话"是平常的话,关于日常生活的话,用明白晓畅的语言,夹杂着生动活泼的口语,不仅给人以亲切感,更能让一些深刻的道理变得浅显易懂、深入人心。"真佛"向芸芸众生解说深奥的佛理,自然不能玄之又玄、深奥无极,好的文章往往也需要"家常话",才能让所表达的道理更加质朴平实、天真自然。

大家手笔往往有"家常话","家常话"里包含"大文章"。《论语》《朱子语类》里那些发人深省的哲理无不是日常的"拉家常";老一辈革命家的"从群众中来,到群众中去""没有调查没有发言权""贫穷不是社会主义"等箴言直到今天还警醒世人。习近平总书记语言风格一个很鲜明的特点在于善于用群众语言,讲大白话,每年新年贺词都是金句频出,频频走红网络……"大人物说普通话",好文章自然离不开"家常话"。

2. 口语词和书面语词本是相辅相成的,写文章确实需要使用书面语词

应该注意的问题是,一要自己先弄明白某些书面语词的意思,自己似懂非懂,别人看起来肯定是糊涂的;二要少用或不用生僻词。鲁迅在《作文秘诀》一文中批评了20世纪30年代上海一些文人复古倒退的行径,说他们写文章故意从故纸堆中挖出一些艰涩冷僻的古词语,卖弄自己。比如,作文论秦朝事,放着"秦始皇开始烧书"这样明明白白的话不说,偏要写作"始皇始焚书",进而再改为"政俶燔典"(政,秦始皇姓嬴,名政。俶,开始。燔,焚烧。典,典籍),使人难以看懂。鲁迅当年批评的这种坏现象,在今天也是值得我们重视的。

二、词汇的意义选择

在语言的具体运用中,选词在意义方面有以下几点要求。

(一)简练

简练是指用词不重复啰嗦,干脆利落。思路不清晰,不了解词的意义及语法、语用特点,都会造成语言的重复。例如:

(1)他长得非常酷似他的父亲。
(2)刘芳对待自己的工作很认认真真、勤勤恳恳。
(3)他们的工资里包括上下班的车贴、餐费。

以上三个例子都存在重复啰嗦的问题,第一个例子中的"酷似"本身就含有程度高的意思,所以不需要再加上"非常"了;第二个例子中

的形容词"认认真真""勤勤恳恳"重叠之后也含有程度高之义,所以在它们前面再加上"很"等程度副词就会造成语义重复;第三个例子中"车贴"一词的意思就是"职工上下班的交通补贴",所以不需要再加限定语"上下班的"了。

(二)确切

确切是指所用词语能够恰当地描写客观事物,表达思想感情,也就是能够通过准确的形式来正确表达内容。我国文学作品中都很重视词语选用的准确性。例如:

巡警:我给你挡住了一场大祸!他们一进来呀,你就全完,连一个茶碗也剩不下!
王利发:我永远忘不了您这点好处!
巡警:可是为这点功劳,你不得另有份意思吗?

(《茶馆》)

这段话说的是一些士兵跑进王利发的茶馆要钱,巡警从中调解,最后王利发给了士兵们一些钱,然后士兵才离开的事情。对于这件事,王利发用的是"好处"一词,分量比较轻,他认为帮忙从中调解是巡警分内的事情,并不是他们帮了自己多大的忙,所以对于巡警,只要表示一下就可以了。而巡警并不这样认为,他用了"功劳"一词,认为如果没有自己,那么王利发就会吃大亏,整个茶馆都可能完蛋,所以王利发应该非常感谢自己才对,应该给自己更多的钱。从这两个词中也可以看出人物不同的心理状态,准确地表达了人物的性格特点。

(三)生动

生动指的是用语言文字反映生活和描写人物时,能够做到细腻和灵活,具有真实感,能够唤起读者的形象感,给人留下深刻印象。具体来说,要做到生动,必须要从以下几方面着手。

第二章　汉语词汇的语义分析

1. 选用比较华丽并且描写性强的词语

我国的文学作品中非常重视形象地描绘,以使读者能够有身临其境的感觉。例如,诗人用"五月榴花红似火"描绘炎炎夏日;用"吹面不寒杨柳风"描写融融春意;用"千里冰封,万里雪飘"描写银装素裹的冬日;用"碧云天,黄花地,西风紧,北雁南飞"描摹神清气爽的秋景;用"天苍苍,野茫茫,风吹草低见牛羊"描写北方草原的辽阔;用"黄鹤一去不复返,白云千载空悠悠"刻画出黄鹤楼的苍凉;用"两岸猿声啼不住,轻舟已过万重山"刻画三峡的雄伟;用"水光潋滟晴方好,山色空蒙雨亦奇"描写西湖的妩媚。

2. 选用一些动作性强的词语

每个人的所作所为都是自身性格的具体体现,在写作过程中如果能够选用一些动作性强的词汇,注意对人物的细致描写,那么就能使人物形象生动,栩栩如生。例如:

> 轮到一位穿红毛线衣的同学跳了,只见她仔细地量好脚步后,在班主任的鼓励下,飞一般冲出了起点。她跑得快极了,简直就像一支离弦的箭一般。在身体即将撞到竹竿的一刹那,她猛地向上一跃,一只脚先跨过了竹竿,另一只脚由于用力过猛,收得晚了些,稍稍地碰了一下竹竿,我的心一下子提到了嗓子眼,好险啊!竹竿在架子上跳动了两下,总算没有落下来。一块悬到了半空中的石头终于落了地,刚才竹竿即将掉下来时,人群中曾发出"哎呀,糟糕!"的惋惜声,现在却变成了"真险啊!"的惊叹声。

以上这段文字是对跳高比赛的一段描写,在这段描写中,运用了一些动作性极强的词语,将那位穿红毛线衣同学跳高的一系列动作清楚地描绘了出来,使读者身临其境,仿佛亲眼看到了这场精彩的比赛。

3.选用一些比拟性的说法

除了以上两点外,还可以根据语境适当地选用一些比拟性的说法,这样会给人一种形象的感觉,能够为自己的作品增色不少。例如,以下的新闻标题:

京城"会虫子"赶场忙
——穿得好说得少蹭顿饭领红包

以上例子中的主标题用"会虫子"来巧妙比喻那些假借开会之机来捞取好处的人,副题四个简明的短语,概括精练,形象生动。

第三章 汉语词汇产生的文化基础

语言是文化的载体,文化是语言的内涵,二者密不可分,互相渗透。语言的背后是文化,学习一种语言,就必须了解该语言所包蕴的文化,否则就很难真正掌握和理解该种语言的内涵。离开了内容,离开了语言的内涵,根本谈不上什么语言。不涉及一个国家的历史、文化、社会风俗等,语言是学不好的,这是学习语言的基本原理。凡是学习语言者,都必须把语言学习和文化学习结合起来。

第一节 汉语文化词汇的界定与特点

每一个民族的语言都是自己民族文化的一面镜子、一块"活化石"。在语言诸要素中,词汇是对文化反映最为直接、最为迅速的要素,它可以分为文化词汇和一般词汇:一般词汇只具有表层的概念意义,例如,电话、电子、手机、纸张等;文化词汇则蕴含和体现着不同民族独特的社会文化意义。由于几千年的文化积累,汉语中存在着大量的文化词汇,这些词汇中国人往往习而不察。比如汉语中的颜色词就深深植入了汉民族文化的因素,像"红眼病""背黑锅"不仅仅是词汇色彩义的不同,更多的还是字面义之后的文化背景义的差别。

中国历史悠久而厚重,传统文化博大而精深,由于几千年的历史文化积累,汉语中存在着大量的此类词汇,这些词大多不能单纯地从字面上去理解,如"风水"不是"风和水","绿帽子"也不是"绿色的帽子",它们都有着特定的文化内涵。因此,探索汉语与文化的各种内在联系,审视汉语的文化内涵,有助于增进人们的文化素养、社会历史知识,提高人们的礼仪道德修养。

一、汉语文化词汇的界定

在汉语文化词汇的界定上,杨德峰(1999)强调汉语词汇文化背景义的影响和联系,指出"所谓文化词汇,是指在一定的文化背景下产生的词语,或与某种特定的文化背景相联系的词语"。①

丁迪蒙(2006)则认为:"所谓文化词汇,是指特定文化范畴的词汇,它是民族文化在语言词汇中直接或间接地反映。"②

何颖(2004)对文化词汇所反映的民族文化内涵作了具体的分类,进一步指出:"汉语词汇中,从某一个或几个层面能够反映一个民族的社会状况、宗教信仰、风俗习惯、审美情趣、思维方式和心理态势等方面的词汇就是文化词汇。"③

李大农(2000)具体界定了文化词汇的范围,认为:"'专有名词'和'有独特文化内涵'的词语统称为'文化词',它们既包括反映汉民族独特的民族文化内容的词语,也包括含有比喻义、象征义、褒贬义及语体色彩的词语。"④

上面几种定义或从发生学的角度解释文化词汇的产生,或从语义学的视角强调文化词汇的民族文化内涵。但以上概括仍不够全面,范围也不太明确,比如汉语中的歇后语、俗语、谚语等固定短语是否为文化词汇?各家均没有给出明确的说法。

综合以上看法,我们认为文化词汇是"一种语言里在一定的文化背景下产生的、具有特定文化内涵的词和固定短语的总和"。这一定义明确指出汉语中具有特定文化内涵的典故词、成语、谚语、俗语、歇后语等固定短语同样属于文化词汇,像汉语中的"弄璋、弄瓦、桑梓、牛郎织女、身在曹营心在汉、何家姑娘嫁给郑家——郑何氏(正合适)"等均属汉语文化词汇。这些词语的语义与其字面义相去甚远,隐藏着浓郁的汉民族文化内涵。

---

① 杨德峰.汉语与文化交际[M].北京:北京大学出版社,1999:133.
② 丁迪蒙.对外汉语的课堂教学技巧[M].上海:学林出版社,2006:142.
③ 何颖.析对外汉语词汇教学原则之文化阐释的原则[J].重庆工业高等专科学校学报,2004(6):125.
④ 李大农.韩国留学生"文化词"学习特点探析—兼论对韩国留学生的汉语词汇教学[J].南京大学学报(哲学人文科学·社会科学),2000(5):143.

二、汉语文化词汇的特点

(一)语义特点

1. 体现汉民族整体观照世界的思维方式

中国人从远古以来,在特殊的地理环境和生活方式的氛围中养成了整体观照世界的思维方式,对概念的掌握、对事物的理解从来都不是孤立的,而是由此及彼,从一物一事联想到与之相对、相关的另一物另一事。中国人这种认识世界的方式反映在对语言的理解上,就形成了汉民族由此及彼,通过联想、引申、比喻等方式扩充词义的特点。

2. 反映汉民族文化传统和文化背景

汉语文化词汇与汉民族的文化传统、文化背景、习俗民情、社会制度的变革和社会生活的变化紧密相关。例如,有些文化词汇是汉文化的直接反映,如"龙、凤、龟"等;有些则是间接反映,如汉语中的"红、白、黄、黑"等颜色词以及"梅、兰、竹、菊"等具有象征意义的词语;有些则和汉文化存在着渊源关系,比如来自文化典籍和宗教方面的词语等。

(二)构成特点

1. 成分繁杂

汉语中的文化词汇成分繁杂,不仅包括词,也包括由词构成的、性质作用相当于词的语言单位,可称之为"语"或"固定结构",如成语、谚语、惯用语、俗语、歇后语等。

2. 形象优先的造词

汉语文化词汇在造词上重形象性,在词义引申、比喻的过程中更是体现出这一特点。比如"咬耳朵"一词意在说明"讲悄悄话,不让别人听见",它借助"咬耳朵"这个动作生动地描绘出嘴离耳朵近的形象特点,贴切地表现出词在交流信息中的比喻义。

第二节　现代汉语词汇系统中蕴含的多层文化信息

20世纪初,普通语言学的开创者、瑞士学者费尔南德·索绪尔出于共时语言研究的需要,把语言的时间假定为"0"。索绪尔开创的方法,引领着20世纪语言学的研究,形成了20世纪语言学研究的主流。不过,这只是出于研究的需要,并不意味着现实中的语言系统真的是"平面"的。语言是从属于人类文化总系统的一个子系统。

由于人类文化是一个具有时间和空间两个向度的立体式开放性系统,作为其子系统的语言,也自然具有立体的、开放的系统特性。看起来仿佛是平面的语言系统,其实是文化的历史投影叠置在共时的平面上的结果。当然,由于种种原因,各民族文化的具体历程不同,文化的载体——语言的共时平面所蕴积的历史文化的深度、广度也是不同的。西方文化的破裂型特性,多少影响了语言学家对语言整体性的认识。与之相比,中国文化的连续型特性,特别有利于保存语言在共时平面下的历时发展轨迹的叠置。

与印欧语言相比,汉语词汇的稳固性特别突出。例如,汉语中的"好"一词,从字形结构来看,其原始意义为"美貌",特指女子的美貌。从女子容貌的美好引申为通指一切事物之美好。从古到今,只经历了一次意义上的引申变化就完成了。

在中国古代,有一部重要的童蒙字书叫《急就篇》(又称《急就章》)。此书由西汉元帝(前48—前33年)时黄门令史游撰,是中国现存最早的一部字书,距今已有两千多年。今本《急就篇》34章,2144字。据王国

第三章 汉语词汇产生的文化基础

维等学者考证,其中第 7 章、第 33 章、第 34 章均为后汉人续补,原文仅 31 章,1953 字。学术界多尊王说。20 世纪 90 年代,有学者对《急就篇》用字进行统计,并在此基础上调查该书在现代汉语中的使用状况。结果如下:《急就篇》原文 31 章实际收字 1649 个,可分为三类:

第一类,见于《现代汉语常用字表》的汉字,共有 1185 个,如"日""头""父""母""哭""爱""说""学"等,这些字标示着汉民族的基本观念与基本生活方式,实乃汉语基本词在文字中的体现,它们在任何时代的汉民族书面交际中都是必不可少的,从而构成了汉字体系的核心。这些字占《急就篇》总字数的 71.9%。

第二类,未能进入《现代汉语常用字表》,却见于《现代汉语通用字表》的汉字,共有 299 个,如"釜""箸""銚""蠡""键""轼"等,这些字在汉民族的历史上都是常用字,在现代汉语书面语中还时常用到,实际上是现代汉语中较常用的古语词,它们和前一类字相加,约占《急就篇》总字数的 90%。

第三类,不见于以上两表,而见于《现代汉语词典》中的汉字,共有 55 个。这些字虽然在汉民族历史上曾经被经常使用,但在现代汉语中已很少使用,有的仅用来表示书面上的文言词语,有的仅成为方言用字。它们实际上是现代汉语不常使用的古语词用字的一部分。它们与前两类相加,占《急就篇》总字数的 93.3%。

最后剩下的是基本上已被现代汉民族书面语所淘汰的 110 个汉字,它们仅占《急就篇》总字数的 6.7%。综上所述,中国两千多年前的童蒙字书《急就篇》所收之字,仍有 93.3% 尚流通于现代汉语系统中。汉语汉字系统的强大生命力,由此可见一斑。

现代汉语词汇系统中蕴藏着深厚的华夏历史文化内涵。

例 1:

> 长城:其中词素"城"取用的是古义"城墙",而不是今义"城市"。

例 2:

> 国家:其中词素"家"用的不是今义"家庭",而是古义"政治区域"。

例3：

　　不肖子弟：其中"肖"的内涵，不是外形，而是德行，来自古代传说。

例4：

　　万人空巷：其中"巷"，不是今义"街巷"，而是古义"居民区"，来自《诗经·郑风·叔于田》载："叔于田，巷无居人。岂无居人，不如叔也，洵美且仁。叔于狩，巷无饮酒，岂无饮酒，不如叔也，洵美且好。叔适野，巷无服马，岂无服马，不如叔也，洵美且武。"

　　对于现代汉语系统中有许多词，必须了解其产生的文化背景或原生层意义，才能做到准确运用。

　　综上所述，尽管"中国走过的千年，比美国走过的百年要多"，然而，被称为"词汇型语言"的现代汉语系统，仍然在共时的平面中蕴含留下了具有数千年中华文明史的深长投影，反映了深厚的历史文化蕴积，凸显出清晰有序的历时发展轨迹——尤其是在其词汇层面。

一、汉语词语是汉民族社会生活和文化发展的忠实记录

　　词语是语言中最活跃、最善于出现新内容或新形式的因素，它总是随着社会的变化发展而不断地发展或演变着。语言和文化的关系常常体现在，语言不仅仅是人际交流和文化记录的符号系统，还是人们感知世界和理解世界的最重要的外在表现形式。由于人们常会按照语言的形式来认识客观世界、接受客观世界，所以，我们必须重视语言中所包含的多重文化意义及其与文化的相互作用。

　　语言是社会生活和社会意识的产物，它时刻记录着、反映着社会历史和文化发展的进程。语言和社会生活、社会意识、人群观念的关系更加突出地表现在词汇系统中词语的意义及使用方面。因此，我们可以通过词汇的产生与变动来探索社会生活的变化轨迹。

　　语言中的词语积极地反映着生活方式与社会生产的发展，词语始终

第三章　汉语词汇产生的文化基础

处于不断改变和新陈代谢的变动状态。工业、农业的不断发展,商业和运输业的不断变化,科学技术的不断革新,积极地推动着词语的发展和更新。同时,社会发展也为词语的精密化创造了条件,使得词语不断地、准确地反映着社会变动中不断出现的新事物、新概念、新面貌。大量产生于古代社会实践的词语,在长期的使用实践中,有的稳定下来,有的淡出消失了,也有的转移了,这一系列变化均体现着"词语是社会的镜像"的实质,并且词语产生与人们的生存方式始终是相和谐的。

　　除了直接表示经济事物的词以外,随着汉民族社会的发展,汉语中还出现了大量反映意识和文化观念的词语。现在的汉语中有很多意译佛教文化的词,如"现在、世界、方便、平等、信心、礼拜"等,另外,跟佛教文化有关的成语或四字词语也非常多。例如:

　　　　吃斋念佛　不二法门　吹大法螺　大千世界
　　　　大显神通　大慈大悲　苦海无边　明心见性
　　　　普度众生　香象渡河　极乐世界　六道轮回
　　　　宝山空回　百尺竿头　清规戒律　当头棒喝
　　　　甘露法雨　借花献佛　皆大欢喜　天花乱坠
　　　　六根清净　六神无主　香火因缘　天罗地网

　　到了明代,社会经济发生了巨大的变化。农副业、手工业、商业和对内对外贸易都有了较大的发展,学术文化逐步发达。郑和下西洋、西学东渐等,都直接或间接地促进了中国文化的进步,跟经济发展相适应的新事物、新观念一批一批地产生出来。于是,就又出现了一批新鲜的词语。有关典章制度的如"甲科、牙牌、白粮、一条鞭"等,有关风情民俗的如"火把节、庙市"等,有关礼仪的如"催妆、手本"等,有关官职的如"番子手、士兵"等,有关机构设置的如"锦衣卫、西厂、会同馆、钦天监"等。当时,这些词语的新动向中就存在着专门词语泛化的现象。那些来自戏曲(如"瞧科、收科")、行院(如"挨光")、方术(如"提罐")等方面的词逐步作为普通词语广泛用于其他领域。

二、现当代汉语词语是社会变动、经济发展的镜像

　　语言中词汇发展得比较快的原因是社会政治经济的变革,社会思想

影响、生产生活的变革及科技文化的发展,时时影响着语言中的词汇面貌。现实词语产生的一般途径是新造、翻新、吸收引进等。21世纪后,中国社会经历了急剧的变革,社会、政治、经济和科学、文化范围内出现的新生事物、新鲜概念层出不穷,与之相适应的词语也就不断地涌现出来,出现了汉语词语发展的高潮。

(一)社会变动中新词语激增

(1)创造新词语是社会发展的需要,新词语的形式完全按照汉语的语义结构原则。例如:

国会、总统、法院、公司、火车、轮船、飞机、水泥、纸烟、罐头、电影、钢琴、邮票、拍卖、汇兑、剧本、胶卷、空降、尖端、协作、红区、边区、白区、抗日、清乡、号召、血债、统销、鸣放、交心、统购、赎买、密植、基层、套种、超额、工分、多数党、儿童团、先锋队、解放区、青年团、互助组、突击队、生产队、显微镜、收音机、消炎片、降落伞、羽毛球、意识形态、唯物史观,等等。

(2)外来词语大量出现。情况又可分为两大类。
①吸收印欧语言的词,采用音译或音译加意译的方法,如:

沙发、扑克、咖啡、苏打、吉他、尼龙、坦克、雷达、绷带、引擎、逻辑、幽默、摩登、维生素、模特儿、雪茄烟、法兰绒、吉普车、歇斯底里

②借用日语的汉字词,如:

总理、干部、基地、主义、否决、机关、机械、绝对、警察、宣传、讲演、情报、讲座、标本、现实、环境、前提、原理、积极、领海、强制、素材、条件、参照、辐射、肯定、场合、纲领、理事、陪审、年度、思潮、索引、手续、俱乐部,等等。

随着经济的发展,人们的认识不断变化着,还涌现了不少缩略形

第三章 汉语词汇产生的文化基础

式的新词。例如：

  化纤(化学纤维)、展销(展览销售)、旅游(旅行游览)、表态(表示态度)、体检(体格检查)、微机(微型计算机)、扫盲(扫除文盲)，等等。

（二）词义内涵的增减记录着社会变动和观念转变的事实

  词语的使用最能体现时代的风貌。现在，我们了解分析社会词语使用情况时，从词语体现出来的褒贬色彩或使用人特定语气可以推测出某种情况。

  词语在变动中会出现一些相同形式的词但其所指可能不尽相同。我们看一下《现代汉语词典》中关于"赞助"一词的记载与描述，以此来观察人们对"赞助"的认识变化的轨迹。"赞助"在《现代汉语词典》1979年版中的解释是"帮助；支持"，词典没有举例。1984年本的解释是"赞同并帮助"，例子是"我们绝不赞助任何掠夺战争。"1991年同以往。1996年修订本的解释是"赞同并帮助（现多指拿出财物帮助）"，例子是"赞助单位"和"这笔奖金全部用来赞助农村教育事业"。2002年"增补本"的释义及例子同1996年。

  现在的成语或习惯用语中有"二一添作五""三下五除二""一退六二五"的说法。许多年轻人不太了解这是来自珠算的词语。"二一添作五"指双方平分；"三下五除二"指动作敏捷利索；"一退六二五"是珠算中将"斤"化为"两"时的口诀，即用一(斤)除以旧制十六(两)，得出零点零六二五(0.0625)。珠算操作时是退位后打"六二五"。作为惯用语的"退"通过谐音变成了"推"（推卸），所以用"一退六二五"指"一推了之"，即"全部推掉""推卸得干干净净"。这些现存词语反映的却是历史事物。

  词汇发展有渐变和突变，在一个相对平静或较为封闭的社会里，词汇变化常常表现得比较缓慢，反之就较迅速。语言词汇发展得比较快的原因是社会政治经济的变革，社会思想、生活的变革以及文化科技的发展。

第三节　意识文化、制度文化对汉语词汇的影响

一、意识文化对汉语词汇的影响

社会的意识文化的诸多方面是相互影响、相互渗透的，并有可能形成一种社会的意识形态，对人们的心理、意向、社会语言沟通、语言的表述产生某种制约和调节作用。

1988年，南京大学两位学者——张宏生和蒋寅同时发表了各自比较研究《左传》和《战国策》说辞语言表述风格的不同特色的论文。这两篇论文别开生面，主要研究了春秋时代和战国时代意识文化的不同，并揭示出《左传》与《战国策》说辞风格上的差别，为人们认识社会文化取向对汉语表述的深刻影响展开了新的一页。从他们的研究中，我们可以看到春秋和战国不同时代的意识文化对汉语表述风格的不同影响。

（一）《左传》的语言风格

春秋是重礼的时代，"尊礼重信"、注重传统是社会意识文化的重要部分。孔子曾说："虞夏之质，殷周之文，至矣。"（《礼记·表记》）春秋时代，虽然社会正发生激烈的矛盾冲突，然而，士大夫们仍然十分重视周礼，"严祭祀，重聘享""论宗姓氏族""宗周王"等。人们说话、辩论常常要引经据典。只要合于传统的周礼，心理上便能获得一种平衡感。"克己复礼"，可以说是当时士大夫阶层的一种普遍的心态。

在这种重礼、重传统的意识文化取向影响下，春秋的语言表述以文雅、得体为特色。当时，人能文、善说辞，格外受到社会的器重。"文以足言""言之无文，行之不远""说礼乐而敦诗书"，《左传》在许多方面体现了这一时代语言表述的特色。刘熙载在《艺概》中说："左氏尚礼故文。"

春秋时代崇古、重传统的文化心态，使人们在说话时常常要引经据典，"不学诗，无以言"。在《左传》的说辞中，征引《诗经》或其他古书的

例子甚为常见。例如：

《文公十七年》载郑子家致赵宣子书曰："古人有言曰：'畏首畏尾，身其余几。'又曰：'鹿死不择音。'小国之事大国也，德则其人也，不德则其鹿也。铤而走险，急何能择？"这是引古人言语。

《襄公二十四年》云："德，国家之基也。有基无坏，无亦是务乎！有德则乐，乐则能久。"《诗》云："乐只君子，邦家之基。'有令德也夫！''上帝临女'，有令名也夫！"此引《诗经》里的句子。第一句引自《小雅·南山有台》，第二句引自《大雅·大明》。

劳孝舆在《春秋诗话》中指出，在《左传》中，"赋诗"32则，"解诗"34则，"引诗"45则。所谓"赋诗"，是以《诗经》的句子代言。"解诗""引诗"都是征引《诗经》的句子，共有109则。这种征引古书、古人语和《诗经》句子，或作立论依据，或以断事，成为《左传》说辞的一种特色。

吕本中《童蒙诗训》云："文章不分明指切而从容委曲，辞不迫切而意已独至，惟《左传》为然。如当时诸国往来之辞，与当时君臣相告相诮之语，亦可见矣。"吕本中对《左传》文辞的这些评语是颇有见地的。

从《左传》的说辞中，我们可以看到春秋尊礼重信、重视传统的意识文化的心理取向，这对语言表述产生了深刻的影响。

（二）《战国策》的语言风格

战国时代的意识文化取向与春秋时代有很大不同，它以重功利为核心，"绝不言礼与信"，这使《战国策》的语言风格发生了重要变化。

顾炎武在《日知录·周末风俗》一文中指出：春秋时犹尊礼重信，而七国绝不言礼与信矣；春秋时犹宗周王，而七国则绝不言王矣；春秋时犹严祭祀，重聘享，而七国则无其事矣；春秋时犹论宗姓氏族，而七国则无一言及之矣；春秋时犹宴会赋诗，而七国则不闻矣；春秋时犹有赴告策书，而七国则无有矣。

战国时代，各国互相兼并、欺诈，称王称霸，这使当时的社会风气发生了巨大变化。人们不再重礼信、尊传统，而是常以实用为目的，重功利或阿谀奉承，或威逼利诱，无所不用其极。在这种文化心理取向影响下，《战国策》的语言表述风格很不同于《左传》，它铺张扬厉，声势夺人。这表现在如下几个方面。

1. 善用夸饰、排比,造成有力的语言气势

战国的策士为了功利,在语言交际中更讲究技巧,使语言表述具有诱惑性、威慑性。其中,最出色的莫过于苏秦为赵说齐宣王合纵的一段动人说辞。苏秦一开始便以夸饰、排比的语句,大大夸张齐国的富强:"齐南有泰山,东有琅琊,西有清河,北有渤海……临淄之途,车毂击,人肩摩,连衽成帷,举袂成幕,挥汗成雨,家敦而富,志高而扬。"似乎天下霸主非齐王莫属。正当齐王陶醉欲仙之际,苏秦话锋一转:"今乃西面事秦,窃为大王羞之。"当头一瓢冷水,让齐王醒悟。随着,苏秦又从实力分析不该事秦的原因,步步紧逼,使齐宣王终于说出:"寡人不敏,今主君以赵王文教诏之,敬奉社稷以从。"(《齐策一》)苏秦的说辞一开始便用排比句夸饰,造成强烈的语言气势,随着用两次反激,晓之以理,步步紧逼,使齐宣王心悦诚服。

蒋寅指出:"战国策士的说辞节奏感强。苏秦、张仪、范雎、蔡泽等人的长篇说辞均多用排比句和四言短句,节奏紧凑,跌宕起伏。苏秦说秦惠王治武备一段共 329 字、73 句,其中四字句达 46 句、三字句有 12 句,情短气促,如叠浪排山,气势磅礴,与《左传》温厚平和的自然节奏迥然异趣。"

2. 善用比喻类比,语言生动有说服力

《楚策四》记述楚顷襄王在郢都失守后,逃到城阳,庄辛为了告诫顷襄王吸取"专淫逸侈靡,不顾国政"的教训,大量使用引喻(博喻)。他先从蜻蛉讲起,接着又以黄雀、黄雀作比喻,它们都是自由自在、无忧无虑地生活在宇宙间,哪里知道有射者正暗中瞄准它们呢!随后,庄辛举出春秋蔡灵侯因为失去警惕而被人诱杀的例子。这些比喻,从物到人,从小到大,由远及近,步步紧逼,直说得顷襄王"颜色变作,身体战栗"。这些比喻说理生动形象,具有震慑的力量。在《战国策》中,用比喻来说理的说辞颇多,而庄辛的这篇可谓上乘之作。

《魏策四》记述唐且与强暴的秦王的一场唇枪舌剑的斗争,动人心魄。唐且的答词思维敏捷,用语犀利。秦王勃怒,想以自己的王威压人。秦王问唐且:"尝闻天子之怒乎?"唐且对曰:"臣未尝闻也。"秦王立即

告诉他:"天子之怒,伏尸百万,流血千里。"然而,唐且也不示弱,立即以"布衣之怒"与之对抗。唐且曰:"夫专诸之刺王僚也,彗星袭月;聂政之刺韩傀也,白虹贯日;要离之刺庆忌也,苍鹰击于殿上,此三子者,皆布衣之士也。怀怒未发,休祲降于天,与臣而将四矣。若士必怒,伏尸二人,流血五步,天下缟素,今日是也。"

唐且面对盛怒的秦王,毫无惧色,义正词严,以"彗星袭月""白虹贯日""苍鹰击于殿上"三个喻句形容真正的"布衣之怒",并以震撼秦王心灵的语言宣告:"若士必怒,伏尸二人,流血五步,天下缟素,今日是也。"这犹如雷鸣,响彻殿堂,使秦王颤抖,长跪而谢之曰:"先生坐,何至于此,寡人谕矣。"唐且的答词完全没有援引经典和诗句,它完全以清新、犀利的辞句使秦王慑服。

在《战国策》中,有些句子很通俗浅白,即使在今天读来,也很有口语味道,如:"明日,徐公来咿""老发不能""九九八十一万人""三七二十一万人""先生坐"等。

《战国策》中还记载了许多民间流传的寓言故事,它寓意深刻,并凝聚为成语流传后世,如"狐假虎威"(《楚策一》)、"画蛇添足"(《齐策二》)、"鹬蚌相争"(《燕策二》)等。

(三)社会意识形态对语言表述的影响

上面比较了《左传》和《战国策》语言表述的不同特点:《左传》说辞文雅,信而可征,委婉典重,不露锋芒;而《战国策》说辞铺张扬厉,夸饰博喻,词语俚俗,以声势夺人。这与春秋时代和战国时代的不同文化的心理取向有密切关系。前者重礼和传统,后者重功利和现实。从这里我们可以看到,一种社会的意识文化对语言表述的影响有以下几方面。

1. 影响语言表述的心理倾向

人们的语言表述都具有社会趋同心理。在社会沟通中,人们的言语表述都希望得到别人的理解,同时,也能理解别人。言语表述与社会的交际趋势越接近,它就越容易得到人们的理解。社会意识文化对人们言语表述有重要作用,因为它是一种社会的意识潮流,它往往使人们在选择言语内容、言语措辞方式时有一种趋同的心理倾向。

2.影响言语的表达方式

我们通过比较春秋时代《左传》和战国时代《战国策》的说辞方式和文风特点的不同,了解了两个时代社会文化取向变化的重要影响。

二、制度文化对汉语词汇的影响

制度文化所包括的范围较广,它体现了一个国家的社会制度所形成的文化特征。古代中国的制度文化体现了古代中国封建社会制度的政治文化特征。它以皇权为核心,建立宗法社会结构,实施君主的专制统治、封建官僚的管理体制,注重以"孝""忠"为中心的伦理道德,并用科举制度选拔人才等。这些封建制度政治文化特征,在历史上占据支配地位,有着深远的影响。

制度文化是一种有鲜明政治色彩和权势标记的文化,它的文化取向居高临下,对整个社会和民族文化的发展有制约和控制作用。在文学发展及语言风格方面,制度文化也有深刻的、不可忽视的作用。唐代科举制度以诗取士,诗歌盛行于唐;明清科举制度以八股文取士,八股文盛行于明清。科举制度属于封建制度文化的一个组成部分,它的文化取向对文学和汉语的表述有重要的导向作用。下面,我们仅就皇权制度的文化取向以及科举制度的文化取向对汉语(书面语)表述的影响作简要分析。

(一)汉代皇权制度文化取向对汉赋及其诗风的影响

在封建社会以皇权为核心的制度文化中,皇帝们对一种文学体裁的态度,对一种文体文风的态度,都会直接影响、制约这种文学体裁及其文风的兴衰变化。帝王们可运用其权威,也可以运用"利禄"手段,甚至可以运用制度,"设科射策,劝以官禄"来进行制导,于是"诸生竞利,作者鼎沸"。为博得皇帝和权贵们的欢心,写赋的文人便要博采文辞,极尽歌功颂德之能事,使赋体的语言风格铺张扬厉,夸张藻饰。当然,这并不是说,所有汉赋的文风都如此。

第三章　汉语词汇产生的文化基础

（二）唐代以诗取士制度文化取向对诗歌的影响

唐代是我国古代的一个强盛王朝,各种政治制度的建立都比过去完备。科举制度始创于隋代,至唐代已有相当规模的发展。唐代诗歌创作的繁荣为历代之冠,这与唐代科举制度文化推行"以诗取士"有重要的关系。

唐诗的语言艺术随着诗歌创作的发展而日臻完美。它创造了视觉和听觉整齐、和谐的诗型,有严格的格律要求。它充分利用汉语的意合特点,通过精练的具象语言,产生情韵悠远的意境和模糊朦胧的效果,并留给读者发挥想象的余地。如果没有唐代制度文化的提倡,使人们重视诗歌的地位,唐诗语言也不可能有艺术上的巨大升华。

（三）明清科举制度的文化取向与八股文风

明清的科举之风极盛。明太祖朱元璋执政后,从洪武三年(1370年)开科取士,规定中央和地方各级官员都必须是科举考试出身。其科举考试的程序分为三级:第一级是乡试,第二级是院试,第三级是会试和殿试(会试考中后参加殿试)。

明清科举规定了以经学为中心的八股文考试制度,这种考试的文化取向,使明清500多年间的读书人都必须精通四书五经,写一手好八股文,人人要为之"十年寒窗苦"。那么,八股文是什么?

八股文严格要求每篇文章必须写八个"股"(段落),包含破题、承题、起讲、入题(入手)、起股、中股、后股、束比、大结等。

明清时代是近代汉语蓬勃发展的时代,人们的口语与上古汉语已相去甚远。我们只要读读明清的一些话本小说,如《水浒传》《金瓶梅》《红楼梦》等,便一目了然。明清时代的人不用明清的语言写文章,而要用孔子时代"已死"的上古汉语写文章,这真是一种历史的大倒退。而这种语言的复古主义只能使一代又一代的读书人学习一些"烂时文","辜负光阴,白白昏迷一世"。八股文是我国历史上最严重的语言复古主义。它压制了白话文,使白话文直到"五四"前后才冲出牢笼,获得自由的发展。它阻滞了近代汉语书面语的发展,也影响了近代文化的传播和发展。

八股文有各种死板的条条框框限制人们的行文,从而使语言表述形式显得僵化、呆滞。八股文全文规定只可有八股,每股有严格的文义规定和字句规定,并且在书写款式上也有各种要求。明初规定,乡试、会试"五经"义一道,限500字,"四书"义一道,限300字。清康熙时要求全文550字。乾隆以后,一律以700字为准。在书写方面,要求点句、勾股(标明段落),书法要端正。文中还要避庙讳、御讳、圣讳。

这些死板的要求,只能使语言表述形式僵化,毫无实用价值。人们写文史著作、记事、抒情、说理、议论,都无法按八股的死板要求来写。这种八股文风只能窒息人们的思想表述、感情抒发,使语言表述失去生动、活泼的感染力,束缚人们的思想文化交流。

难怪清代著名的进步学者顾炎武非常沉痛地指出:"八股文的毁灭文化,等于秦始皇的焚书!八股文的败坏人才,却比秦始皇在咸阳郊外的坑儒还要厉害。"这实在是一针见血的批评。秦代,遭秦始皇活埋的儒生只有460多人,而明清两代500多年间,被八股文葬送的人才却成千上万。

显然,科举制度的这种复古主义的文化取向,不仅毁灭文化、败坏人才,而且压制白话文,使汉语书面语仿古,脱离口语,失去活力。

第四节 汉语词汇观念与传统价值观、思维方式

一、汉语与传统价值观

(一)汉语与重身份价值观

中国历史上一直很重视人们的社会等级身份和人格身份。等级身份是指人在阶级社会中的地位身份。在中国古代,这不仅指人们在君统的政治制度中的身份,而且包括人们在宗统的家族制度中的身份。人格身份是指人的品格、职业身份,如把人分为圣人、贱人、罪人等。

第三章　汉语词汇产生的文化基础

1. 等级身份

早在周代礼制中,人便被分为"十等"。《左传·昭公七年》记述周礼制云:"天有十日,人有十等,下所以事上,上所以共神也。故王臣公,公臣大夫,大夫臣士,士臣皂,皂臣舆,舆臣隶,隶臣僚,僚臣仆,仆臣台。马有圉,牛有牧,以待百事。"

在这十等中,王、公、大夫、士四等属贵族;皂、舆、隶、僚、仆、台六等属于低级官吏,至于养马的"圉"和牧牛的"牧"乃在十等之外。

这种等级身份制度,自古以来一直受到高度重视和维护。自周代开始使用一套"礼制"来维护等级差别。

《左传·昭公二十六年》说:"礼之可以为国也久矣,与天地并。君令、臣共、父慈、子孝、兄爱、弟敬、夫和、妻柔、姑慈、妇听,礼也。"

不同等级身份的人有不同的价值和利益,他们的社会地位不同,权利和享受、资源和资产的占有与分配等均不相同,这使得人们十分重视身份。

人们评价一个人的价值,不是根据他的天赋与才能、知识与经验,而是根据他的身份。人们在听取一种建议或意见时,也不是根据这一建议或意见的合理性内容,而是根据提建议或意见的人的身份、地位是否具有权威性,是否为官阶高的大人物说的话进行判断。

在法律面前,身份的价值更显得重要。古代有"礼不下庶人,刑不上大夫"的规矩,它清楚地表明不同等级身份的人,在法律面前受不同的对待。秦律中还规定可用爵来抵罪。同样犯罪,犯同样罪的人,由于等级身份的不同,其量刑的程度也不相同。这些表明身份的价值在古代是很重要的。在今天的社会中,由于传统文化的积淀,人们的身份价值观并没有消失。

中国传统社会一直在推行森严的等级身份制度,这使中国人形成了多重身份的价值观。从汉语中,我们可以看到人们重身份价值观的投射。

古代官场的级别繁多,魏晋时期开创九品制,但在九品之中,又进一步分为若干等级,有的分为18等(18班),北魏时竟分出30等级。唐代开始兴起独立的散官品阶制度,其文官散阶达29级,武官散阶达45级之多。宋徽宗时,武散官官阶,每一级别都有不少专门的官名。诸如:

司马、司徒、司空、丞相、太尉、御史大夫、奉常、卫尉、太仆、廷尉、郎中令、宗正、大理、将军、校尉、中尉、大将军、谏议大夫、光禄大夫、尚书、仆射、刺史、县丞、枢密使、宣抚使、给事中、典史……

在封建的"官本位"社会中，官员地位显赫，汉语中有许多以"官"为核心的复合词，作为官身份的文化符号，如官方、官僚、官员、官爵、官家、官商、官职、官佐、宦官、将官、考官、文官、武官、判官、尉官、长官、副官、达官、官邸、官署、官府、官场、官服、官腔、官架子、官运、官礼……

（2）人格身份

重身份的价值观还使汉族人尤为重视人格身份的区别。汉语中涌现了许多人格身份的通俗词汇。例如，小孩看电影、听故事总要问一声谁是"好人"，谁是"坏人"。"好人"和"坏人"便是一种人格身份。骂人时，有时骂其"坏蛋""流氓"，这也是一种人格身份，它是对人的一种鄙称。这类世俗的人格身份，实际上是人们等级身份的一种延伸，它在汉语中相当丰富，表现了中国人重身份的价值观。

在中国的世俗社会中，人们根据伦理道德观念，区分"好人""坏人""恶人""圣人"；根据人的能力、才智，区分"能人""强人""伟人""哲人""凡人"；根据人际亲疏远近，区分"生人""熟人""亲人""爱人"；根据人的地位，区分出"贵人""大人""名人""下人""仆人"。还可以根据人的年龄、容貌等来区分不同世俗身份，五花八门，反映了人们对各种人格身份的认识有细微的区别。

在社会语言交际中，汉族礼仪文化很重视对身份名贵者或长辈的称呼，常要加上敬称词，以表示恭敬。

明清以来，老百姓对身份高贵的官员，都要称其为"大人"或"大老爷""青天大老爷"。清人王庆奎在其《柳南随笔续笔》中便说过，"大人"一词的使用，"今数十年来，内而大小九卿，外而司道以上，无不以此称为尊，其名颇觉近雅"。近人徐珂《清稗类钞》中也记述："乾隆时之举人、贡生，亦称太爷。"

《红楼梦》第九回，贾政对李贵说："你去请学里太爷的安……"这里的"太爷"是指贾代儒，他的辈分大，所以称其为"太爷"。这些敬称词的使用，也表明人们对身份的重视。

在旧式的往来信函中，身份低的人对身份（包括辈分）较高的人都要使用敬称词。晚辈对长辈信函的开头或学生对老师信函的开头，常要用"大人""先生"称呼，如"父亲大人""先生"，至于书信的末尾，要用"敬

第三章　汉语词汇产生的文化基础

叩""恭叩""敬颂",以表示尊敬。反过来说,身份高或辈分高的人对身份低的人便不需要用这些敬称词。这种用语的礼仪,从侧面反映出人们对身份的重视。

(二)汉语与重饮食价值观

汉族人重视饮食文化有其深厚的历史渊源。从历代帝王的酒池肉林到贵族豪绅、市井商人的宴饮作乐;从民间的祭祀、迎神、逢年过节,到婚丧嫁娶,无处不是美馔佳肴、香味四溢。汉族人重吃的习俗如此之盛,必然反映到汉语的词语中。

在汉语中与饮食有关的词语十分丰富。仅以菜名而言,中国的菜名之丰富,恐怕在世界上是居首位的。我们只要翻开几本介绍食谱的书,便可以为其中各种美食制作之精巧、菜名之丰富而惊叹,各种菜名达数百种。仅以肉类的菜名为例,有:

荷叶粉蒸肉、芙蓉肉、家乡南肉、蒸火腿块、苔菜小方块、葱烤肉、淡菜嵌肉、绍式小扣、扣肉、生煎肉饼、墨鱼烤腿肉、香菇里脊、炸香脆肉、肉油肉卷、湖式煎羊肉、钱江肉丝、蛋蒸三层肉、杨梅肉丸子、葱柄肉丸、火炫蹄筋、蟹粉蹄筋、稀卤蹄筋、芝麻牛排、荷叶粉蒸肉、糖醋羊肉丸子

还有水产菜类、禽蛋菜类、野味菜类、甜菜类、素菜类以及其他菜类,在这里就不一一列举了。

人们在菜名中,还常常用美辞修饰,使一道佳食的名字,像一首小诗,沁人心脾;像一位少女的名字,令人动心。菜名透露了人们重吃的心理,同时也反映了人们对饮食的审美观念。唐代神龙年间,韦巨源的《食谱》中便记录了当时皇宫里许多美食佳点的美名,兹摘录几条如下:

单笼金乳酥、曼陀样夹饼、贵妃红(饼类)、七返青(糕点类)、金炫炙、御黄王母饭、通花软牛肠、光明虾炙、生进二十四气馄饨、汉宫棋、水晶龙凤糕、长生粥、凤凰胎、乳酿鱼、八仙盘、缠花云梦肉、过门香(油烹菜)、汤浴绣丸

· 79 ·

汉族人用这些优美的字眼给菜取名实在是煞费苦心。如果不是对饮食文化价值看重,便不可能如此用心地给各种佳肴取这些多彩多姿、动人心弦的美辞菜名。在这些菜名中,不但有诗情画意的美名,而且有以政治、历史、民俗、地理为文化背景的好名,在中国的菜名中也糅合文化、艺术的内涵。

中国菜的命名方式有如下几种。

(1)写实手法——以菜的原料及煎炒方式命名。如干菜焖肉、蒸火腿块、淡菜嵌肉、火炫蹄筋、糖醋羊肉丸子、滑熘里脊、炒猪肝等。

(2)写意手法——用美辞附会菜名。如长生粥、凤凰胎、龙虎斗、狮子头(大肉丸子)、过门香(油烹菜)、夏赏荷香(鲜莲鸭羹)、全家福等。

(3)以人物命名。如东坡肉、宫保鸡丁、麻婆豆腐、贵妃红(饼类)、李鸿章杂炫、组庵鱼翅(湖南美食家谭延闿,字组庵)等。

(4)以历史、神话、民俗命名。如鸿门宴(蟹黄、燕窝)、哪吒童鸡、鲤鱼跳龙门、桃园三结义、八仙盘、御黄王母饭等。

这些中国菜名令人回味无穷、浮想联翩,既表现了中国文化情趣,也处处显露出中国人重饮食文化的心态。

中国人重饮食的文化心态,还使汉语许多与饮食毫无关系的语词成为饮食文化扩散的语汇,如酸、甜、苦、辣等词,本是用于表示吃的味觉的,在汉语中,人们却把这些味觉词汇意义扩散、引申,并构造出许多用于表示其他心理感受的词汇。

酸——酸味令人感到不适,由此引发联想,带"酸"的词汇都有不好的语义。例如:

表示一个人心情苦痛的有:酸楚、悲酸、辛酸;
表示一个人穷困形象的有:寒酸、穷酸;
表示一个人过于做作的有:酸溜溜、酸味十足。

在汉语中,还有一大批表示烹饪制作技艺的词语,引申为其他方面的用语,如"煎、熬、炒、炫、熏"均属食物烹饪的词语,它们可以引申为:

煎熬——表示一种折磨,如熬夜、熬过严冬、熬过这一关、熬到了头。

炒——现今常用"炒鱿鱼"表示被解雇,要卷铺盖离开,中国港台地区的汉语中常用这个词。"炒冷饭"表示重复。

烩——"大杂烩",比喻文章或学问很杂,缺乏条理性。在其他方面也表现为不单一、不纯。

二、汉语与传统思维方式

(一)汉语的表象性与比附思维

已故著名语言学家高名凯先生曾指出,中国语言是表象主义的,是原子主义的——"表象主义"就是中国人的说话,是要整个地、具体地把他们所描绘的事件"表象"出来;"原子主义"的意思,是把这许多事物,一件一件单独地排列出来,不用抽象的观念,而用"原子的安排",让人看出其中所生的关系。中国的语言,在表现具体的事物方面是非常活泼的。

高名凯先生是一位对西洋语言和汉语都有深刻研究的学者,他对汉语特点的这种认识是有其深刻的体验和根据的。

汉语的表象主义和原子主义便是汉语表象性的特点。汉语在反映客观事物时,习惯于用具体、形象的语汇,用意象组合的方法,使语言表述富于图像化,即便论述抽象的概念道理,也常用意象地比附,使语言具体、形象、生动。汉语的表象性表现在哪些方面呢?这仍是人们需要加以研讨的问题。从汉语复合词的构成方面以及汉语表述的特点方面都可以看到表象性的鲜明特点。

汉语复合词的构成,在反映客观对象方面,有的采用概括式,而有的则采用表征式。概括式的构词,常常采用两个结构项表述对象的本质特点,如先进、丑恶、谋略、心腹、个体户、法律、语言学、电子、细菌、生理、心理等。

表征式的构词常着重反映对象的具体、形象、易为人感知的特征。其主要采用如下几种方式。

(1)描写式——通过具体的描写项反映对象。例如:

高射炮、映山红、财迷、穿山甲、钱眼、蜜月、雪里就、佛手、胃灼热、黄昏、熬煎、火盆、花盆、水墨画、落网

（2）喻指式——用比喻、借代等方式反映对象。例如：

心腹、左右、手足、骨肉、风云、续弦、矛盾、肺腑、泰斗、蚕食、浪潮、把柄、落汤鸡、走狗、狗腿子、千金（小姐）、拙荆、耳目、爪牙、连襟、蛾眉、巾帼、布衣、裙衩、粉黛、股肱、刘海儿、便衣、笑面虎。

描写式的复合词通过描写和喻指的方式使语言能具体、形象地显示它所标志的对象。例如，"映山红"是指杜鹃花，它的名称描写了杜鹃花开时一片嫣红，与青山相辉映的美丽景象；"水墨画"点出这种画运用水墨艺术的特征。

喻指式复合词采用比喻、借代以及比拟等修辞方式，形象而生动地表现词所指的对象。例如，"笑面虎"展现对象微笑的外部特征，其实却是会"吃"人、害人的"老虎"，喻指那种笑里藏刀的阴险奸诈之人。"耳目"，借用人的五官之耳和目，喻指官僚与权贵身边亲密地侍从及执事。《左传·昭公二十七年》："夫无极，楚之谗人也，民莫不知。去朝吴，出蔡侯朱，丧太子建，杀连尹奢，屏王之耳目，使不聪明。"这里历数无极的罪状，其一便是"屏王之耳目"。王，楚平王，使楚平王。与其"耳目"相隔绝，得不到任何外界的信息，成为"不聪明"的君王。"裙衩"是以古代女子的衣着来代称妇女。《红楼梦》第一回："我堂堂须眉，诚不若彼裙衩。""巾帼"，"巾"是一种佩巾，"帼"是一种头饰，这是用女子的装饰品来代称女子。"巾帼英雄"是指佩巾戴帼驰骋于沙场上的女英雄。"股肱"，"股"，指人的大腿；"肱"指人的手臂。这是用人的肢体来喻指国家的重臣。《左传·僖公九年》载，晋献公临终时，托大臣荀息辅佐奚齐为君，荀息稽首曰："臣竭其股肱之力，加之以忠贞。""布衣"，以古代平民所穿的衣服代称一般的平民百姓。"粉黛"，以妇女饰面的化妆品代称美女。"回眸一笑百媚生，六宫粉黛无颜色。"

在这些喻指词中，有的以物代人，有的以人体器官的名称代人。

在汉语中还有丰富的拟人构词方式，它用人体不同部位的名称为词素，构成许多事物的名称（复合词）。例如：

首都、壶嘴、喷嘴、窗口、港口、门口、疮口、路口、口岸、渡

第三章 汉语词汇产生的文化基础

口、关口、山口、枪眼、炮眼、腰眼、泉眼、针眼、山头、山顶、山脚、山腹、山腰、山脊、山脉、齿轮、锯齿、轮齿

这些拟人构词的形成也是在比附思维的基础上产生的。

汉语表述也具有鲜明生动的表象性特色,这方面的实例很多。人们善用一些具体、可感性强的语汇象征显承一些抽象的概念或不同类型的人物,并形成社会的习惯用语。汉代王选早已发现这一现象,他在《离骚经序》里说:"善鸟香草,以配忠贞;恶禽臭物,以比谗佞;灵修美人,以媲于君;宓妃佚女,以譬贤臣;虬龙鸾凤,以托君子;飘风云霓,以为小人。"这是指古代汉语中善用形象的词汇,喻指各种类型的人物。在现代汉语中,用"青松"象征坚强不屈的性格,用"狐狸"表征狡猾的人,用"荷花"象征高洁、出淤泥而不染的高贵品质,用"猪"象征愚笨。还有用颜色词"红"象征光明、进步、革命,如红军、红色政权、红心、又红又专等;用"白"象征黑暗、落后、反动,如白区、白匪、白色政权、白狗子等。这些表征式的词汇,在汉语长期的使用中已被广泛运用,并形成了习惯用法。人们用所喜爱的"善鸟香草""荷花"来象征忠贞和高洁的品质,用所厌恶的"恶禽臭物"来象征"谗佞""奸诈"。所有这些表征词及其使用,使汉语表述形象生动。

汉语表述的表象性还表现在一些论说文中,古代许多论说文既有严密的逻辑性,也具有深入浅出的特点,善于形象说理,用比喻或故事喻理。例如,在《荀子·劝学》中,以丰富的比喻透彻地说明学习的重要性,语言很生动。

君子曰:学不可以已。青,取之于蓝,而青于蓝;冰,水为之,而寒于水。木直中绳,輮以为轮,其曲中规,虽有槁暴,不复挺者,輮使之然也。故木受绳则直,金就砺则利。君子博学而日参省乎己,则知明而行无过矣。

这是用多样的具体比喻来说明学习的重要性这一抽象道理。荀子的《劝学》全文很长。从节选为中学语文教材的部分看,节选文共有290字,用于说明事理的比喻竟达20多处,计225字,占全文的77.6%,而真正用于说理议论的语言仅有5句,计65字,占22.4%。虽然是节选文,但也可反映表象语言在议论文中所占的重要比重。

许多古代议论文还广泛运用各种寓言、民间故事或历史故事来说理。以"庖丁解牛"这一民间故事为例,《管子》用它说明用兵之道;《吕

氏春秋》用它说明为政之道;《淮南子》用它说明巧使之道;《庄子》用它说明养生之道。这都是在使论述具体化、图像化。

汉代贾谊的《陈政事疏》又叫《治安策》)是一篇洋洋洒洒的政论文。在这篇政论文章中,贾谊在阐明"欲天下之治安,莫若众建诸侯而少其力"的论点时,并不是用抽象的道理来说明,而是通过铺陈许多典型事例,纵谈天下形势,文情并茂,很有说服力。

在古代传统思维中,八卦思维是一种比附性的联想思维。它所"比"的都是自然或人事中已知已见的现象;它所"附"的是自身行动中未知的现象。比附思维常把自然现象和人类自身联系起来,如天象里的雷、雨、阴、晴,可以同人的祸福、吉凶相比附。《易·系辞》说:"在天成像,在地成形,变化见也。"本来,人类与自然存在着天然的密切联系。人类来自自然界,并依存于自然界。"日一南而万物死,日一北而万物生;斗一北而万物虚,斗一南而万物盈"。(《太玄经》)但古人由于自然知识贫乏,从而对自然力产生崇拜和迷信,并在思维中出现各种神秘化的人与自然的比附。见天上流星,便比附人有灾祸;见乌鸦过天,便比附人有亡妻。古人还常与龙相比附。《易·乾》九二爻辞:"见龙在田,利见大人。"九五爻辞:"飞龙在天,利见大人。"在中国人的传统思维方式中,这种比附思维有广泛的基础。

比附思维以联想的心理活动为基础,这种联想虽然与人的深层意识活动相联系,但从表现看,联想的心理机制主要是人脑中表象的组合意象。汉语的表象性正是这种比附性联想思维的体现。

中国人是善于比附联想的民族,把天比作人,又把人比作天,这已成为中国"天人合一"的传统文化观念。在我国古代许多优秀文学作品中,更不乏善用比附联想、出神入化、令人神迷的杰作。读一读杜牧的《阿房宫赋》,我们便可感受到比附联想在艺术上的优美升华。

  明星荧荧,开妆镜也,绿云扰扰,梳晓鬟也。渭流涨腻,弃脂水也。
  烟斜雾横,焚椒兰也。雷霆乍惊,宫车过也。辘辘远听,杳不知所之也。

把天上明星,喻之宫女开妆镜;把天上云彩,喻之宫女梳发;把天上雷鸣,比附浩浩荡荡的"宫车过也"。这是跨越空间的比附、联想,用词多么精彩!

需要指出的是,语言表述的表象化并不是汉语所独有的特点,其他语言也具有这一表述特点。不过,与西方语言相比,汉语的表象性特点更为鲜明,这与中国人的传统思维和西方人的传统思维特点不同有密切关系。

思维具有民族特征,西方人继承古希腊文化的"求真"精神,发展了科学性的文化,重视自然科学知识的研究。文艺复兴之后,西方在对自然界的理解和研究中,发展出一种科学"悬拟"的思维方式,它用概念以及表述概念间关系的诸多命题构成相关系统,并通过观察、实验,揭示悬拟现象的内幕,从而洞悉自然界的种种奥秘。中国的传统文化以"求善"为目标,发展伦理型的文化,从而比较重视具体的、经验性的思维。比附思维是从已知的事物出发比附其他事物,它实际上也是一种具体、经验性的思维方式。西方与中国的这种不同的思维方式,使语言的表述方式显示出明显的差异。

(二)汉语的抽象混沌与逻辑思维

人类各民族的语言表达和结构方式与其民族思维方式有密切关系。不同民族既具有共同的、普遍的思维方式,同时具有其独特的民族思维方式,这里涉及民族的哲学理念、民族心理、观念、习俗、社会文化传统等因素。

汉语的表达和结构方式十分多样。汉语与印欧语等其他语言相比较,在反映人们的形象思维和抽象思维方面,尽管其叙述方式、语言结构有许多不同,但其表达能力绝不逊于西方语言。这绝不像某些西方学者的看法那样,认为汉语是"孤立语",不精密,表达抽象性的能力差。

众所周知,中国是世界四大文明古国之一,早在公元前600年到公元前300年,便涌现出了一批杰出的思想家、哲学家,如孔子、老子、孟子、荀子、庄子、管子等。秦汉之后,又出现了董仲舒、王充、扬雄、张湛、朱熹、王阳明等。所有这些古代思想家、哲学家都是用汉语来阐述他们深刻的思维认识、抽象的哲学理念、广袤的思想内容。汉语的抽象性表达能力,首先在这里得到充分体现。我们首先以古人关于"道"的论述的抽象性为例来考察。

在上古汉语中,"道"一词产生很早,它首见于金文。后来,殷周之际的《易经》的卦爻辞中也有几处出现"道"字。但在《易经》里出现的"道"都是指道路,没有什么深奥的含义。

在《诗经》中,据有人考察,"道"字出现29次,但其词义主要仍然是指道路。如:"瞻彼日月,悠悠我思。道之云远,曷云能来。"(《雄雉》)。除此之外,"道"还可用于表示言说。如:"中菁之言,不可道也。所可道也,言之丑也。"(《墙有茨》)这是说,宫中的事,不可以说,所能说的,只能是一些丑事。这里的"道"仍然滞留在具体概念上。

春秋时,《左传》和《国语》中开始出现"天道"和"人道"的新含义。如:"天道皇皇,日月以为常。""思乐而喜,思难而惧,人之道也。"(《国语·晋语》)这表明,"道"开始从具体概念升华为抽象概念。

随着古代哲学家的纷纷出现,人们在探究宇宙大自然的产生、天地人的来源和相互关系、世间万物的来源和运动变化等深奥问题时,"道""气"等成为古代哲人的中心议题。

有关"道"的哲理的深入论述,老子和庄子两位古代哲学家是最突出的。这里,我们只简要介绍老子关于"道"的中心论述,可从中看出古人如何用汉语表达有关"道"观念的抽象思维。

老子是第一个把"道"升华到本体论的高度来认识宇宙产生的非凡哲学家。老子说:"道生一,一生二,二生三,三生万物。"(《老子》第四十二章)这是说,"道"是一种宇宙混沌未分的状态。然后,由"一生二",即产生天和地,或阴和阳。"二生三",即天、地、人。"三生万物",即天、地、人交合,然后产生万物。

那么,"道"究竟是什么?老子说:"道之为物,惟恍惟惚。惚兮恍兮,其中有象;恍兮惚兮,其中有物。"(《老子》第二十一章)这是说,道是恍惚无形,不能被认知,但又确实存在,因而它是宇宙万物之源。

老子还进一步指出,道是亘古存在,同时又周行运动不息的。他说:道"独立而不改,周行而不殆,可以为天下母。吾不知其名,强字之曰道"。(《老子》第二十五章)

在老子的思维中,道的性质是有和无的统一体,是"玄之又玄"的幽隐存在。他说道是"无名天地之始,有名万物之母。故常无欲以观其妙;常有欲以观其徼……玄之又玄,众妙之门"。(《老子》第一章)

老子进一步指出,圣人应以道来治理天下,而不应靠鬼神,要讲"自然",要"无为"而治。"人法地,地法天,天法道,道法自然"。(《老子》

第三章　汉语词汇产生的文化基础

第二十五章）"处无为之事,行不言之教",以"无为"治天下。

　　从老子关于"道"的抽象论述中,我们可以看到,老子具有非凡的胆识,早在公元前500年,在世界科学水平还极为低下的时代,便大胆地探讨宇宙的来源,提出宇宙来源于"玄之又玄"的"道",这是一种混沌状态、有无的统一体。在探索"道"的特征、性质时,又能从混沌思维角度加以发挥。其措辞言简意赅,条理分明,前后语言逻辑连贯。不过,在老子的关于"道"的抽象论述中,我们也感到有些"玄之又玄"的味道,不是一般人能理解的。

　　随着社会的进步、人们思维的进一步严密,汉语的抽象论述也越来越周密、详尽,句子成分较完善,这在战国时代的孟子、荀子的论说文中已表现出来。

　　孟子不研究"道"之学说,而主要研究仁政和人性的学说。

　　孟子提出"民贵君轻"的仁政政治哲学。他认为,诸侯有三宝:土地、人民、政事。"民为贵,社稷次之,君为轻"。(《尽心》)"以力服人者,非心服也,力不赡也;以德服人者,中心悦而诚服也"。(《公孙丑》)

　　孟子还提出"性善养心"说。他说:"恻隐之心,仁之端也;羞恶之心,义之端也;辞让之心,礼之端也;是非之心,智之端也。人之有四端也,犹其有四体也。"(《公孙丑》)

　　从孟子的论述中,其抽象理念的表达很清晰,句子措辞流利、中肯、顺畅易明,句子结构也比过去完善。其还用排比修辞,让人更能理解,更能留下深刻的印象。

　　汉语表达的抽象性还体现在逻辑思维的严密性方面。这在战国时代已有明显的发展进步,当时有些学者明确强调名与实对应,提出判断、推理的作用与规则。

　　战国时代公孙龙提出著名的"白马非马"论,指出名(概念)与实(对象)要严格对应。他在其《白马论》中说:"马者,所以命形也;白者,所以命色也。命色者非命形也。故曰:白马非马。""求马,黄黑马皆可致;求白马,黄黑马不可致……故曰:白马非马。"这种论述涉及概念的严格确定性问题。马是马,马的概念外延包括各种颜色的马,但白马概念的外延只局限于白毛色的马。这"马"和"白马"不是同一概念。在这里,公孙龙对概念的抽象性认识已深入逻辑范畴,具有严密性。

　　墨子是春秋战国时期的思想家。在其故后,由其弟子整理出《墨子》一书。在此书中,对汉语中各种抽象的名称概念进一步加以区分。"名:

达、类、私。""名物,达也,有实必待文多也。命之马,类也。命之臧,私也,是名也,止于是实也。"(《经说》)在这里,墨子将名称概念区分为三种:普遍概念、类别概念和个别概念。

在关于如何进行论说推理时,《小取》说:"辟也者,举他物而以明之也。侔也者,比辞而俱行也。援也者,曰:'子然,我奚独不可以然也?'""推也者,以其'所不取之',同于其所取者,予之也。"墨子在这里提出论说——要有辟、侔、援、推四种推理形式。辟,是指比喻;侔,是指齐等,相当于类比法;援,是指引用;推,是指推论,由推理得出结论。这是墨家对汉语论说的认识,可以通过比喻、类比、引用,然后进一步推理论证,从而"明是非之分,审治乱之纪,明同异之处,察名实之理,处利害,决嫌疑"。墨子这种逻辑认识,可大大提高人们的汉语论说能力。他和公孙龙的"白马非马"论,表明古人对汉语逻辑的抽象性已有充分的认识。

汉语的抽象性还表现在句法的严密化上。王力先生在其《汉语史稿》(中册)里指出:在我国上古汉语中,甲骨文、《尚书》《易经》的句子都很简单朴素,但战国以后的句法比春秋的句法复杂多了。拿《孟子》和《论语》来比,《孟子》的句子的平均字数多得多。

随着社会的发展进步,尤其是汉魏之后的唐代,人们逻辑思维的发展在语言结构形式中的具体表现有两方面:一方面是把要说的话尽可能概括起来,成为一个完整结构;另一方面就是化零为整,使许多小句结合成为一个大句,使以前那种藕断丝连的语句变为一个有机联系的整体。这就是说,汉语抽象性是在逻辑思维进一步发展的情况下,使句子具有更高的概括性、完整性,并能把许多小句结合为严密化的复句(长句)。逻辑思维对语言句法结构的抽象发展有重要作用。在这方面人们只要读一读韩愈、柳宗元的散文、论说文便可理解。

唐以后,汉语继续发展,尤其是五四运动以后,王力认为汉语的句子结构在严密性这一点上发生了很大变化。如定语或状语,其含义要求更精密、细微,所以,比起古汉语来,其长度大大增加。一个句子中有许多并列的定语或状语,复句自然也大大增长、日趋严密。

综上所述,汉语表述的抽象化在上古汉语中已充分展示出来,这与上古哲人、思想家的纷纷涌现是分不开的。古代哲人多受混沌思维的影响,探究宇宙与天、地、人的来源和变化。随着社会进步,古人逻辑思维不断发展,这更加促使汉语抽象化的逻辑表述能力的提高。

第三章　汉语词汇产生的文化基础

　　当今,我国也有许许多多具有国际水平的科学著作涌现,它们完全是用现代汉语进行精确、严密的论述,展示高度抽象的科学思维。在这里,我们可以自信地说,汉语是一种表象性和抽象性完美结合的优秀语言。

第四章 物质文化类汉语词汇研究

物质文化涉及日常生活中的方方面面,包罗万象,想要透彻、深入了解汉语词汇的文化意蕴,就离不开对物质文化类汉语词汇的研究。本章重点研究汉语词汇与饮食文化、服饰文化、农耕文化、生活起居文化、交通行运文化,从而帮助读者对汉语词汇文化有更加深入的认识。

第一节 汉语词汇与饮食文化

一、饮食方式与汉语词汇

(一)饮食方式与物种繁衍息息相关

自有生物以来,经过时间的推移和时代的变迁,各种物种也经过不断变异、适应。物种从起源到进化成为现在这样一个丰富多彩的世界,饮食是其繁衍、发展的先决条件,它是生物的本能之一。《荀子·性恶》云:"凡性者,天之就也,不可学,不可事。"《白虎通义》卷一:"古之时未有三纲六纪,民人但知其母,不知其父,能覆前而不能覆后,卧之注去,起之吁吁,饥即求食,饱即弃余。茹毛饮血,而衣皮苇。"

食物进入人体,需要通过一定的方式来实现,这些方式我们称为"饮食方式"。饮食方式是食物与人体沟通的重要渠道,它的选取与食物本身的性质有关,比如食物是固体还是液体,其大小如何,坚硬度如何等。每一时代人们所吃的食物不同,但饮食方式的类型却基本相同,只是不同时代、不同地域对饮食方式用了不同的词语来命名。

就人类而言,如果要生存,就必须想尽办法获取食物以维持生命。

第四章　物质文化类汉语词汇研究

自古至今,人们的饮食对象无非是固体和液体而已。无论是原始人的茹毛饮血,还是现代的山珍海味、中西大餐,人们基本的饮食方式也无非就是"吃""喝"二字。然而,语言是不断变化发展的,表示饮食方式的词语随着社会的演化及进步,处于不断地更新与变化当中。

总之,自古至今,用于人类的饮食方式类词语有很多,丰富了汉语词汇的内容,折射出汉语饮食词汇的独特魅力。

(二)饮食方式类词语与汉字部类

历代关于汉语饮食方式之类的词语有很多,这些词语大多有章可循。古汉语以单音词为主,一个汉字就是一个词语,故古人一般字词不分。就与饮食方式类单音词的载体汉字而言,它们一般为从"口"、从"欠"、从"食"、从"齿"、从"舌"之字。

1. "口"部

《说文·口部》:"口,人所以言、食也。""口"的作用就是语言或者饮食。"口"的核心义有两个:一个是"言",另一个是"食"。人类饮食离不开口,口是饮食的工具,故关于饮食方式的词语很多都与"口"相关。与"口"相关的表示饮食方式的词语,一般是凸显了"食"这一核心义,如"吃""喝""咬""嚼""含""吮""吸"等,其对象涉及固体、液体等食物。与"口"相关的饮食方式类词语其意义涵盖范围一般较为广泛,后代一些表示笼统意义上的"吃""喝"等概念的词语也多与"口"相关。[①]

2. "欠"部

与从"口"相关,有些饮食方式类词语从"欠"。《说文·欠部》:"欠,张口气悟也。象气从人上出之形。"王筠《说文释例》:"人之欠伸,大抵相连卬首张口而气解焉。气不循其常,故反之以见意也。""欠"的本义为疲倦时张口打呵欠,这与口腔的吸气与呼气有着密切的关系,从"欠"之字与从"口"之字有一定的相似之处。故也有一些与"欠"

[①] 楚艳芳.汉语饮食词汇研究[M].北京:中国社会科学出版社,2017.

相关的词语用来表示饮食方式,这些词多含"喝、饮"或"吮吸"义。如"歊""欶""欵"等,可能是气体的呼入、呼出与液体的吸入、吸出有相似之处。

3."食"部

食物是饮食的对象,故很多饮食方式类词语都与"食"有关。"食"本为名词,表示食物。《说文·食部》:"食,一米也。"后"食"本身也可作动词,表示"吃"这一动作。《古今韵会举要·职韵》引《增韵》:"食,茹也,略也。"与"食"相关,表示饮食方式者,如"饮""饭"等。与"口"类似,与"食"相关的饮食方式类词语,一般表示的是一个关于饮食的较为笼统的动作。

4."齿"部

有些饮食方式类词语与"齿"相关。《说文·齿部》:"齿,口断骨也。象口齿之形。""齿"的本义当为"牙齿"。例如,"女忘君之为孺子牛而折其齿乎。"(《左传·哀公六年》)

5."舌"部

有些饮食方式类词语与"舌"相关。《说文·舌部》:"舌,在口所以言也,别味也。""舌"为人和动物嘴里辨别滋味、帮助咀嚼和发音的器官。舌头的主要功能有两个:一个是发音,另一个是辨味。"舌"如果凸显其"发音"功能,可以构成很多与之相关的语词,如"舌战""舌锋""嚼舌根""长舌妇""七嘴八舌""鹦鹉学舌""油嘴滑舌"等;如果凸显其"辨味"的功能,虽然与之搭配的语词罕见,但我们可以从"舌"的字中找到痕迹。

6.其他

还有一些饮食方式类词语与其他部首相关,但都相对比较零散,不

第四章　物质文化类汉语词汇研究

是特别多见。

以上主要是从文字学（汉字造字）以及由汉字所承载的单音节饮食词语的角度出发来论述的。

（三）饮食方式类词语所属的义类

这一部分主要从词汇学的角度出发对汉语饮食方式类词语进行探讨。我们首先对每一义类作出说明，进而列举该义类的典型用词，并对其隐喻方式进行扼要分析。关于饮食方式类词语所属的义类，大致可以分为如下九类。

1. 食、吃（泛称）

"食"或"吃"都是较为笼统的概念，它重在表达进食这一过程。在饮食方式类词语中，就单音词而言此类词语数量最多，并且以与"口"相关的词语居多。由它们作为构词语素构成的复音词，一般引申有"生活"义。如"食养"指供给生活所需。"食路"用以指谋生之路。"吃饭"可以泛指生活或生存。

2. 啃、咬

与"啃""咬"相关的动作，其直接施动者是牙齿。"咬"这一动作的结果，就是夹住食物或使食物破碎，后也经常用来比喻用闲话来刺激或伤害人。这凸显了"咬"这一动作的破坏性，它与牙齿撕破食物有相似之处。如果凸显"咬"的"夹住食物"这一特征，则"咬"又可以泛指夹住或卡紧，不一定是牙齿夹住食物。

3. 咀嚼

"咀嚼"也主要是齿部的动作，但又与单纯的咬、嚼有一定的区别，它的特点在于辨味。"咀嚼"与"咬"的区别是，"咀嚼"需要有一个过程，力度在一般情况下也没有"咬"强。因此，"咀嚼"引申又有"玩味、体味"义。

4. 咽

"咽"是食物在口腔,通过咽喉到达身体的一个必然的动作。"咽"本为"吞食"义,又可以引申指话语突然止住。又如"吞咽"本指"咽下,不咀嚼而咽下",又可指"隐忍而不吐露"。

5. 舔

"舔"是舌头的动作,故表"舔"义的词语大多与"舌"相关。《素问·阴阳应象大论》:"在窍为舌。"王冰注:"舌,所以司辨五味也。"故"舔"可以引申为"品味"。如"舐弄"谓以舌品味。

6. 含

"含"是食物在口中,含而不动,故引申有"忍受、宽容"义。如《三国志·魏书·程昱传》:"大臣耻与分势,含忍而不言。"由"含"作为构词语素构成的复音词也多有"包容、宽容、忍受"义,如"含垢"指包容污垢,容忍耻辱。"含容"指"容忍、宽恕"。"含养"指"包容养育",形容帝德博厚。"含宥"犹宽恕,宽容。"含蓄"指"容纳、深藏"。"包含",指宽容,原谅。

7. 尝、品尝

"品尝"义的饮食方式类词语,一般引申有"尝试"义,不一定是品尝美食,现在还有"尝试"连用者。由"品尝"义的饮食方式类词语作为构词语素构成的复音词用来表示"品味"的有很多,如"咀嚼"本指"咬嚼、嚼食",后可指"玩味、体味";"尝味"本指"品辨味道",后可喻指"体验";"赏味"指"欣赏品味";"玩味"指"研习体味";"熟味"指"仔细体会";"咀味"指"品味"。

8. 饮、喝

"饮"从口到腹不需要咀嚼,是一个瞬间的过程,速度较快。与此特征相关,有如下隐喻:如"饮羽"谓箭深入所射物体,中箭;"饮石"谓箭射入石头,形容弓箭强劲;"饮刃"锋刃没入肌体,挨刀剑;"饮弹"犹中弹。以上这些词语"饮"后的客体都是比较具体的对象,还有抽象的客体,如"饮恨""饮冤""饮泽""饮誉"等。

9. 吮、吸

"吮、吸"义的饮食方式类词语的隐喻结果一般是表示"吸收、榨取"义,其主体已经超出了"嘴"的范畴,扩展到了其他领域。如"吸取"可指"采取、吸收";"吸饮"本指用嘴吸进液汁,引申指"汲取、吸收";"吮吸"可以喻指"榨取、伤害";"吮取"常喻"榨取"。

从词义引申的角度来看,大部分义类都可以引申,或者说通过隐喻引申到非饮食的其他领域。饮食方式类词语可以说明,如果满足基本的饮食要求,则可以引申到"生存之道"上;如果适度饮食,则会引申出"品味"义,从而具有"雅"的特征;如果过度饮食则会引申出类似于"贪婪"这一类的意思,近乎低俗。

在汉语史上,表示饮食方式之类的词语有很多,但我们相信,在每一时代人们在日常生活中实际使用的词语很少。当然,在同一时代不同地域,方言的差异也可能导致了词语(实际上可能是用字的差异)的增多。这些词语必然会经历一个规范的过程,最终每一类都留下一个或几个词语来表示,其他的都随着时间的推移,湮没到历史的洪流中。古代的"饮"与"食",现代的"吃"与"喝"是饮食方式类词语的典型成员,由它们作为语素构成的语词也相对较多,产生的隐喻也是丰富多彩的。

二、饮食器具与汉语词汇

饮食器具是与饮食相关的一切用具,它是饮食文化的重要组成部分。蜀谯周《古史考》曰:"古者茹毛饮血。燧人氏钻火,始裹肉而燔之,曰'炮';神农氏食谷,加米于烧石之上而食之;黄帝时有釜、甑,饮食之道始备。"自古至今,饮食器具不断变化、发展,种类日益繁多,外观日臻完善。清袁枚《随园食单·器具须知》曰:"古语云:美食不如美器。斯语是也。然宣、成、嘉、万,窑器太贵,颇愁损伤,不如竟用御窑,已觉雅丽。惟是宜碗者碗,宜盘者盘,宜大者大,宜小者小,参错其间,方觉生色。若板板于十碗八盘之说,便嫌笨俗。"可见,人类在追求物质生活的同时,在精神生活层面也从未停止过探索的脚步。饮食器具相对于饮食方式、饮食感觉、饮食味觉等而言,它是更为具象的事物。关于历朝历代饮食器具的相关资料,不但有文字的记载,还有实物、图画等的支持。随着考古发掘以及科学研究的不断进展,饮食器具的历史面貌也会更加清晰。

在饮食器具产生之初,人们总会给它们命名。如何命名?《荀子·正名》云:"散名之加于万物者,则从诸夏之成俗曲期,远方异俗之乡,则因之而为通。"人们对饮食器具的命名方式亦当如是。因此,在历史积淀的过程中,产生了很多饮食器具类词语。在这些饮食器具类词语的基础上,又繁衍出很多新的意义甚至新的词语。在这些新的意义、新的词语当中,有很多是通过隐喻的方式繁衍而来,体现了饮食在人们日常生活中的重要性,也体现了人们丰富的想象力。

饮食器具从产生之初至今,经过时间的冲刷,岁月的洗礼,不断地变化、发展,其质地由单一到多样,功能由简单到复杂,外观由粗糙到精致,种类由稀少到繁多,制作由手工操作到机械化大生产等。饮食器具的发展史不仅是我国科技发展史的重要组成部分,也是我国艺术、文化发展史的重要组成部分。因此,我们在对饮食器具类词语进行研究之前,有必要对饮食器具作简单介绍。

关于饮食器具的分类,一般从以下两个角度来进行:一是饮食器具的质地;二是饮食器具的功用。

(一)饮食器具的质地

1. 大自然的馈赠

(1)石质饮食器具

在旧石器时代,石质饮食器具已经出现。宋高承《事物纪原》:"神

第四章 物质文化类汉语词汇研究

农氏尝草别谷,教民耕艺,民始食谷,加于烧石之上。"可见,旧石器时代人们除了直接用火烧制食物外,这种"石板烧"(石烹)可谓原始社会早期的一种重要烹饪方式。现在山西、陕西等地还有用石子并借助铁锅烧制而成的"石子饼"(又叫"石蟹馍""石子馍""石头饼"等),虽然其制作方式与原始社会石烹法存在差别,但二者一脉相承,故"石子饼"也被称为石烹法的"活化石"。此外,布朗族有一道名菜叫作"卵石鲜鱼汤",其制作方法是将卵石放到火塘中烧红,再将烧红的卵石一个接一个地放入盛有清水和鲜鱼的锅内,直至水沸腾,最后将烧红的盐块放入锅内,鲜鱼汤便烧制而成。这种"卵石鲜鱼汤"的制作方法亦是古代"石烹法"的遗留。

新石器时代以后,随着陶瓷及金属饮食器具的发明,石质的炊具、盛食器等基本销声匿迹了,而石质的碾轧器、磨刀石等在后代还存在着一定的使用空间。比如在现代社会,磨刀石在人们的日常生活中还比较常见,石磨则在一些乡村依然被用来作为农作物的碾磨工具。

(2)木、竹质饮食器具

在旧石器时代,人类就用树枝来夹食食物,当然天然的树枝还不算真正意义上的饮食器具,但它至少说明了人类在使用工具上的一点进步。后代木质的饮食器具越来越多,至今仍有很多木质的饮食器具,如砧板、木铲、擀面杖、筷子、勺子以及一些木质器皿等。从语言学的角度来看,木质饮食器具大多从"木"。例如:

杆:盛汤浆或食物的器皿。

枓:一种有柄的舀东西的器具。《龙龛手鉴·木部》:"枓,木枓也。"

桮:古代盛羹及注酒器。

杵:可以用作舂米的棒槌。《说文·木部》:"杵,舂杵也。"

枓:勺子,舀水用具。《说文·木部》:"枓,勺也。"

柯:碗、盂之类的器物。《方言》卷五:"盌谓之盂……盂谓之柯。"《广雅·释器》:"柯,盂也。"

栖:古代礼器,状如匙,用以舀取食物。《说文·木部》:"《礼》有栖。栖,匕也。"

案:古代进食用的短足木盘。《玉篇·木部》:"案,食器也。"

桓:古代食器。《玉篇·木部》:"桓,木豆谓之桓。"

挟：同"筴"。筷子。《正字通·木部》："挟，箸也。或作筴。《少仪》有'筴'，亦训箸。盖竹木可为之。"

桶：盛水或其他东西的容器。

桮：屈木制成的盂。

瑚：古代祭祀供盛黍稷的器具。《说文·木部》："槤，瑚槤也。"邵瑛《群经正字》："今经典作琏……正字当作槤。……瑚槤，木器，故从木。"

椬：木制酒器。《玉篇·木部》："椬，酒椬也。"《正字通·木部》："椬，酒器，以木为之。"

竹子也是人们较早用来制作饮食器具的原材料之一。竹质饮食器具大多从"竹"。例如：

筲：古代盛饭食用的竹器。《说文·竹部》："筲，盛食器也。"

筥：圆筲箕，可盛米饭等食物。

𥳑：畚箕一类的竹器，古人用以盛饭食。

整体看来，竹质饮食器具没有木质饮食器具的使用范围广，这一方面与木头和竹子质地、形制存在差异有关，另一方面恐怕与竹子的种植范围以及数量远没有树木广泛不无关系。由于木、竹质饮食器具比石质饮食器具更容易打磨、加工，且实用性强，故木、竹至今仍是饮食器具的重要原材料之一。当然，其种类、外观等较之前代有了极大的发展。

总之，石头、木头、竹子都是大自然惠予人类的珍贵礼物，人类利用它们制作了很多不同种类的饮食器具以满足日常所需。木质和竹质饮食器具在后代还比较盛行，而石质饮食器具由于其具有传热速度慢、不易加工制作等缺陷，所以当陶质饮食器具发明之后，它就基本不再作为烹饪器具继续使用了。

第四章　物质文化类汉语词汇研究

2. 人类智慧的结晶

如果说石质、木质、竹质饮食器具更多地体现了大自然对人类的厚爱，那么以下这些陶质、瓷质、铜质、铁质等饮食器具则更多地蕴含了人类智慧的结晶。

（1）陶瓷饮食器具

陶器是用粘土烧制而成的器物，它的发明和应用，是新石器时代的重要标志之一，也是华夏文明的重要组成部分。陶器在其产生之初就主要被用来制作饮食器具。《礼记·郊特牲》："器用陶匏，以象天地之性也。"到了商朝，在陶器的基础上又出现了瓷器。瓷器是陶器中较为精致者，最初泛指色白质坚的陶器。秦汉时期产生了瓷质饮食器具。

从陶器发明至今，无论是王公贵族还是平民百姓，陶瓷饮食器具都是人们日常生活中普遍使用的饮食器具。早期很多陶瓷饮食器具的名称都从"缶"或从"瓦"，体现了其在质地上的特点。例如：

缶：盛酒浆的瓦器。大腹小口，有盖。也有铜制的。《说文·缶部》："缶，瓦器，所以盛酒浆。"
缸：古代陶制容器。
罐：用陶或金属制造的盛物、汲水或烹煮用的圆筒形器物。
瓶：古代盛酒或水的容器，瓦制或青铜制。《说文·缶部》："瓶，瓦器也。"
瓮：盛东西的陶器，一般腹部较大。

总之，陶瓷饮食器具造价相对较低且实用性强，加之经过时间的推移，陶瓷饮食器具由粗糙变得日臻精美，故从古至今都为人们所广泛喜爱。

（2）铜、铁质饮食器具

早在夏朝，青铜就已经炼制成功，它很快被用于饮食器具的制作上。但在夏商周之时，青铜饮食器具一般在上层社会使用。天子九鼎八簋，诸侯七鼎六簋，士大夫五鼎四簋，士三鼎二簋。可见，青铜饮食器具的社会功能十分明显，"钟鸣鼎食"集中体现了"青铜时代"的饮食特色。青

铜器产生之后,新制造的铜质饮食器具多从"金"。例如:

　　鋪:豆属铜器名。

　　銚:一种小口的鼎。

　　总之,青铜饮食器具种类繁多,造型华美,体现了社会的进步。然而青铜器皿也仅为统治阶级所专享,逐渐带有了等级标志,成为阶级、权力和地位的象征,并由最初的食器发展为祭祀的礼器和传国重器。"

　　春秋战国时期,铁质生产工具出现。随着炼铁技术的不断提高,秦汉以后,铁质饮食器具广泛应用于人们的饮食当中。比如"釜""鼎""钱"等比较常见的饮食器具,它们都有陶质、铜质、铁质等不同的质地。由于铁的造价相对低廉,铁质饮食器具逐渐走进了千家万户,比如铁锅至今仍是备受人们喜爱的炊具之一。不可否认,冶铁技术的发明不仅给农业生产带来了翻天覆地的变化,也给饮食器具的制造提供了新的材料。随着时间的推移,其价值历久弥新。

　　(3)玉石、金银、牙骨、水晶、玛瑙等制作而成的饮食器具

　　玉质饮食器具在商朝已经出现,到了隋唐时期,玉质饮食器具开始流行起来。玉质饮食器具有玉杯、玉杓、玉壶、玉箸等。

　　至少在汉代,金银饮食器具也已经出现。到了隋唐时期,金银饮食器具开始盛行,有"金鼎""金杯""金瓮""金盘""金樽""金爵""银盂""银杯""银盆"等。

　　总之,由玉石、金银、牙骨、水晶、玛瑙等制作而成的饮食器具都比较贵重,一般为富贵人家所有,普通老百姓家中很难见到,它们是财富和社会地位的象征。此外,这些珍贵饮食器具当中有很大一部分或成为礼器,或成为收藏与赏玩之物,集中体现了饮食器具的社会功能。

　　(4)玻璃饮食器具

　　张景明等指出:"玻璃器原产于伊朗高原,在南北朝时期开始传入我国,为饮食器具增添一个新的类别。辽代是目前发现玻璃器数量最多的一个王朝,而且皆为从西方国家传入,这是中西文化交流所致。"可见,玻璃饮食器具最初可能是舶来品,是中西交通的产物。关于玻璃饮食器具,有"玻璃锤""玻璃盏""玻璃碗"等。

　　(5)其他质地的饮食器具

　　除了以上这些不同质地的饮食器具外,还有一些其他质地的饮食器

具,如动物的皮囊也可以用来制作饮食器具。

"酒囊"指盛酒的袋子。如汉王充《论衡·别通》:"今则不然,饱食快饮,虑深求卧,腹为饭坑,肠为酒囊,是则物也。"

宋苏轼《初到黄州》:"只惭无补丝毫事,尚费官家压酒囊。"《新元史·西域列传上》:"太祖入至教堂,以回教戒饮酒,命取酒囊置教堂上,以经卷藉马足,又使教士执马缰,以辱之。"

"驼囊"指用骆驼皮做的口袋。如唐张祜《雁门太守行》:"驼囊泻酒酒一杯,前头滴血心不回。"元张宪《二月八日游皇城西华门外观嘉孥弟走马歌》:"袖云突兀鞍面空,银瓮驼囊两边缰。"

此外,随着科技的发展,在现代社会,由不锈钢、塑料等制作而成的饮食器具也走进了千家万户,为我们的饮食文化增添了很多新的气息。

总之,不同质地的饮食器具体现了人类活动的印记,展现了社会发展的历史足迹,蕴含了深厚的文化内涵。

(二)饮食器具的功用

1. 炊煮类饮食器具

自从人类结束茹毛饮血的原始状态,进入熟食时代后,炊具都是日常生活中不可或缺之物。炊煮类饮食器具的质地、形制、功能等逐渐丰富,种类日益繁多。当金属铸造业产生之后,金属炊具一直都是炊煮类饮食器具的主流,比如古代很多炊具的名称都从"金"。

自古至今,由于草木、煤、煤气、天然气、沼气、太阳能、电等的助燃,人类的炊具也经历了重大变革,从古代陶制的釜、鼎、鬲、甑等到现代的电饭锅、高压锅、电磁炉、微波炉、电烤箱、豆浆机、煮蛋器等,充分展现了科技的发展以及社会的进步。炊煮类饮食器具逐渐向时尚美观、环保节能、低附加值的方向发展,它们将会给我们的厨房生活带来更多方便与乐趣。

2. 盛食、进食类饮食器具

据《礼记·礼运》记载,远古人类"污尊而杯饮",即凿地为樽用以盛酒,以手掬之而饮。在人类智慧的驱动下,盛食、进食器具也随着人类社会文明化的进程而产生、发展。早期盛食、进食类的饮食器具比较常见的有钵、碗、盘、盆等,进食的饮食器具有筷子、勺子等,盛水的饮食器具有壶、瓶等。历代形制有别,饮食器具不断发展、完善。

3. 饮用类饮食器具

饮用类饮食器具除了有各种日常饮水用的杯子外,还有一些专门用于饮茶的茶具,饮酒的酒器等,它们在做工上比饮水杯更为讲究。因此,在对饮用类饮食器具的命名方面,更多的也倾向于对各种形制的酒器、茶具(尤其是酒器)命名,故汉语史上专门用于指称酒器、茶具之类的词语远远多于一般饮水器具。例如:

（1）盂：盛液体的器皿。
（2）盅：没有把的小杯子。
（3）盏：浅而小的杯子,多指酒杯。
（4）梓：饮器。《正字通·木部》:"梓,为饮器。"
（5）椅：本为盛酒的容器。《说文·木部》:"椅,酒器也。"
（6）舐：酒器名。
（8）斜：酒器。
（9）䜻：古酒器。
（10）觲：古酒器。
（11）锤：古代盛酒的器皿。
（12）锣：酒器。

自古以来,无论是清香之茶,还是醇厚之酒,都可以使人们借之品味生活,享受人生。从某种程度上讲,茶与酒是中国饮食文化中的两朵奇葩,它们承载了丰富的精神内涵。

第四章　物质文化类汉语词汇研究

4. 贮藏类饮食器具

当人们的饮食资料有了结余之后,人们就开始将它们贮藏起来,这时贮藏类饮食器具就应运而生了。古代贮藏类的饮食器具主要有瓮、缸等。除了常规的储藏外,古人在很早的时候就已经懂得了冷藏之法。林乃燊指出:"夏、商、周的冰窖和井藏,是常用的冷藏法。"此外,古代还有用于冷藏的青铜鉴。从语言文字学的角度看,汉语贮藏类饮食器具一般也是从"木"、从"竹"、从"缶"、从"瓦"、从"金"或从"皿",体现了这些饮食器具最初的质地或功能。

现代贮藏类饮食器具除了沿用古代的瓮、缸等外,还有一些木头、纸浆、玻璃、塑料、金属等制作而成的储物设备。随着电的发明及广泛使用,用于冷藏的冰箱、冰柜、冷藏柜等随处可见。

除了炊煮、盛食、进食、饮用、贮藏等基本的饮食器具外,还有一些其他功能的饮食器具,如量器、研磨器、搅拌机、切片机、刨片机、绞肉机、和面机、压面机、打蛋器等,种类繁多,令人目不暇接。

以上所列举的主要是饮食器具类的单音词,由单音词繁衍发展,又会产生许多复合词来表示饮食器具。一般来说,这些复合词的组合有如下两大类:(1)常用的饮食器具类单音词之间的组合,如"镬釜""釜锅"等;(2)常用的饮食器具类单音词与其他词语之间的组合。这些词语或与饮食相关,如"饭锅""饭碗""水杯""汤勺"等;或与饮食器具的质地相关,如"瓦罐""金鼎""玉壶""铁锅";或与饮食器具的功用相关,如"蒸锅""闷罐"等。

总之,这些饮食器具在不同时代、不同地域,它们的质地、形状、花色等都会有所不同。

三、烹饪方式与汉语词汇

在原始社会早期,生产力低下,人们只能靠采集野果或猎取鸟兽(茹毛饮血)为生。《礼记·礼运》云:"昔者先王未有宫室,冬则居营窟,夏则居橧巢。未有火化,食草木之食,鸟兽之肉,饮其血,茹其毛。"然而,早期先民的这些饮食方式还远远不能与"烹饪"相提并论。后来,人们发现一些天然大火过后,留给人们的除了恐惧之外,还有一些熟食,这些熟食包括动物和一些植物的籽实。正是这些熟食使人们尝到了"人间美味",从而成为促使人们积极地去认识"火"这一"神秘"的自然现象的主要动力之一。经过不断努力和探索,人类最终掌握了人工取火的方法。

此时,人类不仅用火来驱寒保暖、吓唬野兽,还用它来烧制食物。至此,"烹饪"便应运而生。可见,人类对火的认识和利用,对人类的进步具有重大意义。"烹饪"也是从人类对火有了理性认识之后才拉开序幕。

人类的烹饪方式从早期的"炮""煎"和"煮"开始,随着时间的推移,烹饪技艺不断出新。在烹饪方式不断发展的同时,给我们带来的不仅仅是生活的乐趣,也给我们带来了丰富的语言素材。本节试图对烹饪方式类词语做出介绍,以期为深入挖掘此类词语提供线索。

(一) 火炮类烹饪方式

1. 直接火炮

直接火炮类烹饪方式是将食物置入火中烧烤而熟,表示这种烹饪方式的词语有"炙""燔""烧""熹""烤"等。如《诗经·小雅·瓠叶》:"有兔斯首,燔之炙之。"又:"有兔斯首,炮之燔之。"《宋史·赵普传》:"已而太宗至,设重裀地坐堂中,炽炭烧肉。"清曹雪芹《红楼梦》第四十二回:"不拿姜汁子和酱预先抹在底子上烤过,一经了火,是要炸的。"老舍《四世同堂》:"一来客,他总是派人到便宜坊叫挂炉烤鸭,到老宝丰去叫远年竹叶青。"

"煨"与"炙""燔""烧""烤"有所不同,它是把生的食物放在带火的灰里烤熟。如宋吕祖谦《卧游录》:"芋当去皮,湿纸包煨之。"明洪梅《清平山堂话本·快嘴李翠莲记》:"两个初煨黄栗子,半抄新炒白芝麻。"

除了把食物放在火中直接烧烤外,还有用烂泥等包裹食物再放在火中烧烤的"炮"法。《说文·火部》:"炮,毛炙肉也。从火,包声。"

总之,直接火炮的烹饪方式是古人最原始的方式,表示这些烹饪方式的字也都从"火"。王仁湘指出:"最初的熟食,也就是最原始的烹饪方式,那是最简单不过的了。既无炉灶,也还不知锅碗为何物,陶器尚未发明,这时的烹饪方式主要还是烧烤,将食物在火中直接烤熟,这方法

第四章 物质文化类汉语词汇研究

流传使用到现代,仍可制出美味佳肴。当初还进一步发明'炮'法,是用粘泥包住食物后隔火烤熟,这方法现代也还在使用。"在后代,直接火炮的烹饪方式经过不断改进,流传至今,比如现在还有各种"烧烤",还有著名的"北京烤鸭",还有用荷叶包裹肉类烧烤的"叫花鸡"等。[①]

2. 间接火炮

这种火炮法是以锅为传热介质,不需要用油作为传热介质,直接用热气将食物烘熟,如"烙"就是把面食放在烧热的锅上烤熟。清吴敬梓《儒林外史》第一回:"王冕自到厨下烙了一斤面饼,炒了一盘韭菜,自捧出来,陪着。"当然,现在"烙饼"等也有放油作为传热介质者。还有"贴"也可以表示直接把食物放入锅中烘熟,如"贴饼子"等。还有直接在烧热的锅里炒一些粮食作物,如米、麦、豆等。如北魏贾思勰《齐民要术·造神麹并酒》:"炒麦:黄,莫令焦。"《南史·陈本纪上》:"齐所据城中无水,水一合贸米一升,一升米贸绢一匹,或炒米食之。"元关汉卿《南吕·一枝花·不伏老》:"我是个蒸不烂、煮不熟、捶不匾、炒不爆、响当当一粒铜豌豆。"鲁迅《风波》:"毛刻就要吃饭了,还吃炒豆子,吃穷了一家子!"老舍《牛天赐传》:"纪老头儿急得没有办法,只好给他炒了些玉米花和黄豆,为是占住嘴。"

远古人类在发明了锅之后,间接火炮法也是比较常见的烹饪方式之一。

(二)水煮类烹饪方式

水与火给人类带来了很多灵感,它们的配合也使人类的饮食得到了极大的改善。在远古时期,古人已经用水来烹煮食物了,这种烹饪方式至今仍比较常见。自古以来,可以用来表示水煮食物的词语有很多,在此略举数例以示说明。例如:

"胹"作水煮类烹饪方式类词语,如《楚辞·招魂》:"胹鳖炮羔,有柘浆些。"《左传·宣公二年》:"宰夫胹熊蹯不熟,

[①] 谢华,黄一川. 汉字汉语汉文化[M]. 南昌:江西教育出版社,2018.

杀之。"

"煎"亦本为一种熬煮类的烹饪方式。《说文·火部》:"煎,熬也。"汉桓宽《盐铁论·错币》:"畜利变币,欲以反本,是犹以煎止燔,以火止沸也。"

"燖"近似现在的"卤"菜法。《太平广记》卷二百五十引《大唐传载》:"有士人,平生好吃燖牛头。"

"焯"是把蔬菜等放在开水里稍微一煮就拿出来。

"焙"是将食物文火烹煮,使汤汁变浓。

"煨"是用微火慢慢地煮。

"炖"是加水用文火煮使熟烂。如老舍《四世同堂》:"长顺刚拿起盘子来,隔壁的李四妈端着一大碗热气腾腾的炖猪头肉,进了街门。"

"涮"是把生的肉片、鱼片等放在沸水里烫一下就取出来蘸佐料吃。如老舍《离婚》:"只要吃了他的涮羊肉,他叫你娶一头黄牛,也得算着!"

"氽"本义是"水推物",义近"漂浮"。而"氽"这种烹饪方式是把食物放入沸水中稍煮一下。如清贪梦道人《彭公案》:"吩咐魏国安到厨房用活鲤鱼搁葱姜蒜全佐料氽汤。"食物放入沸水,也就被水推上来,漂浮起来,是由"氽"的本义引申而来。当然,"氽"也有用油炸者,也是源于沸水煮的"氽"。如徐珂《清稗类钞·饮食类》:"猪肉皮略泡,入沸油氽之。"

"煲"谓用文火烧煮或熬。如王朔《橡皮人》:"商业区附近一个小广场是油烟腾腾的食品市场,小吃摊不下数百,卖着各种油煎、水煲得稀奇古怪的风味食物。"

(三)汽蒸类烹饪方式

"蒸"是用水蒸气的热力使物热或熟。这种烹饪方式也是很早就产生了,它的产生与"甑"的发明紧密相连。正如王仁湘所说:"釜熟是指直接利用火的热能,谓之煮;甑熟则是指利用火烧水产生的蒸汽能,谓之蒸。有了甑熟作为烹饪手段后,人类至少可以获得超出煮食一倍的馔品。"

王仁湘指出:"蒸法是东方烹饪技术所特有的技法,它的创立已有不下 6000 年的历史。西方古时烹饪无蒸法,直到当今,欧洲人也极少使用蒸法。像法国这样在烹调技术上享有盛誉的国家,据说厨师们连'蒸'的概念都没有,更不用说实际应用了。"

（四）油煎类烹饪方式

表示油煎类烹饪方式的词语也不少,如"炒"是把食物放在锅里加热并随时翻搅使熟。

"煎"一般而言是先在锅里放油,加热后,把食物放进去,使其表面变成焦黄。不过有时似乎也可以不放油。《方言》卷七:"煎,火干也。……凡有汁而干谓之煎。"如唐韩愈《燕河南府秀才》:"还家敕妻儿,具此煎鱼烹。"老舍《阿Q正传》:"可笑!油煎大头鱼,未庄都加上半寸长的葱叶,城里却加上切细的葱丝。"

"炸"是把食物放在滚沸的油锅中熬熟。如清文康《儿女英雄传》第二回:"我里头赶着给您老炸点儿锅渣面筋,下点素面单吃。"周作人《喝茶》:"我家距三脚桥有步行两小时路程,故殊不易得,但能吃到油炸者而已。"

"烹"今特指一种烹饪方法。先用热油略炒,然后加入酱油等料迅速搅拌,随即盛出。如知侠《铁道游击队》:"他们有时高兴了,就在渔舟上买几条鲜鱼,要船家烹一下,沽点酒,在畅饮着。"

"煸"指把菜、肉等放在热油里炒到半熟。如谣容《梦中的河》:"鱼汤!你顶爱吃的鱼汤,还是活鲫鱼呢!我用猪油煸了煸,煮出来的汤跟牛奶似的。"陆文夫《人之窝》:"熏鱼,羊糕,油爆虾,白斩鸡,干切牛肉,卤猪肝,香菜肚丝,油煸青椒,菠菜拌茶干,还有那红彤彤的山楂糕,又酸又甜……"

（五）调和类烹饪方式

还有一些调和类的烹饪方式。如"调",《说文·言部》:"调,和也。"

"拌"是搅和、调匀食物,一般不需加热。如宋叶隆礼《契丹国志·岁时杂记·重九》:"出兔肝切生,以鹿舌酱拌食之。"元贾仲名《萧淑兰》第四折:"甘蔗汁酥油糖拌。"

"腌"是用调味品浸渍食物。《说文·肉部》:"腌,渍肉也。"老舍《四世同堂》:"早饭依然是昨晚剩下的饭熬的粥,和烤窝窝头与老腌萝卜。"茅盾《蚀》:"明天要罢市了,多买些腌货罢。"

第二节 汉语词汇与服饰文化

我们平常所说的"衣、食、住、行"是人类须臾离不开的。在这四大生活基本要素中,"衣"占据首位,由此我们可以看到服饰在人类生活中的重要作用。在古代文献《汉书》《后汉书》中,服饰是作为衣服和装饰的意思出现的。在《中国汉字文化大观》中,服饰词语被定义为:戴在头上的叫头衣,穿在脚上的叫足衣,穿在身上的衣服则叫体衣。《现代汉语大辞典》中将服饰解释为服装、鞋、帽、袜子、手套、围巾、领带等衣着和配饰物品总称。从广义上讲,服饰概念主要指除了传统意义上的头衣、体衣、足衣等衣着外,还包括与之相关的衣着配饰、缝纫工艺、丝染织品等物品。

服饰的作用,从功能、伦理和审美的角度分别是为了护身、御风挡寒,礼貌、蔽体遮羞以及美观、吸引异性等。服饰与人的生活密切相关,是人类生存条件之一,是民俗生活的产物,同时也是民俗的载体。几乎从服饰起源的时候起,人们就已将其生活习俗、审美情趣、色彩爱好以及种种文化心态、宗教观念,通过衣裤、鞋帽、配饰等方面的习俗惯制表现出来。服饰已经不单纯是一种物质现象,而是包含着复杂的文化意义。正如郭沫若论述服饰现象的复杂性时所言:"衣裳是思想的形象、文化的表征。"

第四章 物质文化类汉语词汇研究

一、服饰文化与社会语言

服饰作为一种社会的物质现象,是一定社会历史时期生产发展的产物,它的产生总是与社会的经济发展相适应的。此外,服饰也是一种社会的文化现象,它从不同的角度反映出该社会的政治结构和思想特征,具有等级和时代的特征。

服饰文化是社会的一面镜子,从古至今,服饰的形制、质料、用途、穿法等都随着社会的发展发生了很大的变化,服饰文化的内涵也随之越发丰富。服饰文化有着鲜明的时代特征,在时代的更替和历史文化的演变中,中国的服饰文化也有了巨大的变化。

在每一种服饰语言的历史演变过程中,从其各个角度都能考察出该民族的社会文化风俗和服饰文化特征。服饰文化是人类重要的文化内容,服饰从其最基本的实用功能逐渐发展为展现人们审美情趣、审美修养和价值取向的表现形式,我们不难看出服饰文化是绚烂多彩的。

服饰文化常常会影响到人们日常生活中的语言表达。有时在语言表达过程中,使用与服饰相关的语汇会使语言表现得非常贴切,化繁为简,容易为他人所理解。服饰外观形象生动鲜明,人们以服饰穿着中的亲身体验,通过日常语汇来概括比喻生活中事物的发展规律,或是透过表面现象说明本质,生动形象,且说服力更强。

服饰文化与社会语言相辅相成、互相促进、共同发展。其意义分为两个方面:一方面,人类的服饰文化大大丰富了语言要素,特别是词语、语义;另一方面,从有关服饰的语言要素中,我们可以考察出人类的服饰文化以及其他社会文化的方方面面。总之,服饰就是无声的语言的延续,与服饰相关的社会语言是服饰文化的载体,解析这个语言过程正是丰富服饰文化的过程。

在《21世纪服饰文化研究》一文中,学者华梅谈到如何研究服饰文化的问题时强调了"服饰研究需要跨学科"的研究思路和研究方法,认为需要从历史学、社会学、生理学、心理学、民俗学、艺术学和美学的角度,运用相关学科的方法和手段,对服饰文化进行跨学科的研究。

在服饰文化的大背景下,利用认知语言学的理论解释与服饰相关的语汇,其目的是:一方面,透过服饰语汇认识其背后的认知规律,使人们能够深刻了解服饰文化内涵及其与社会语言的关系;另一方面,验证认知语言学的语言阐释力,从而丰富认知语言学理论和服饰文化研究。与此同时,对其他专业与语言文字学的跨学科研究给予一定的启示作用。

二、与服饰相关语汇

在中西方社会语言中,与服饰相关的语汇数量众多。而在我国,服装文化源远流长,有"衣冠上国,礼仪之邦"之称,因此服饰语汇更是丰富多彩。在汉语语言中,服饰与文字结合而成的服饰语汇俯拾皆是。

由服饰而产生的语言表达形式通常有两种:一种是直接形容服饰的语汇,通常被作为日常生活的基础用语,如汉语的"衣、裤、衫、帽……"。另一种是以服饰用语为基体,注入其他概念或思想内容,以阐释某种道理或凭借服饰用语加以延伸、转注而予以运用。如汉语的"荆钗布裙、镜破钗分、有衣无帽——不成一套……"①

三、服饰词、词语

语言中蕴含着文化,文化的丰富和发展也得益于语言发展。语言是人类所创造文化的重要成果之一,是文化的一部分。而词汇是构成语言的基础和要素,在语言的要素中词汇与文化的联系是最为密切的。词汇蕴藏着语言使用者的人生观、价值观、生活方式和思维方式,可以说,词汇背后蕴含着深层的文化内涵。所以,文化、语言、词汇三者关系密切,研究词的文化含义需要了解文化和语言学的关系。服饰文化与语言密不可分。

古今中外,人们的服饰穿着状态、行为以及它的演变和发展都受服饰穿着观念和服饰价值观念的支配。服饰是人类社会生活的要素,也是一种文化、文明的载体。服饰不仅可以遮体避寒,而且蕴含着厚重的文化内涵。人类不但创造出绚丽多彩的服饰,还延伸出很多与服饰相关的词汇。这些词汇承载了深厚的服饰历史文化、审美风俗和社会生活的意蕴,丰富了语言的语汇。

服饰词、词语一般有两种表达形式:一种是直接形容穿着服饰,是日常生活中常用的基础用语;另一种是以服饰基础用语为基体,融入其

---

① 訾韦力.服饰文化与英汉语汇[M].北京:企业管理出版社,2015.

他的概念、寓意和思想内容，以此表达某种特定的含义或阐释某种道理的语言表达形式。

汉语服饰词语首先从与服饰相关的汉字说起。汉语中组成服饰词语的字大多为象形字和会意字。象形字是来自图画的文字，是原始社会的一种造字方法。用文字的线条、笔画，把所要表达物体的外形特征具体、形象地勾画出来，这是对原始描摹事物的记录方式的一种传承，是世界上最早的文字，它也是最形象、演变至今保存比较完好的一种汉字字体。如汉语的“裤”在古代为“驾、袴”，表示古人着裤的样子。“求”和“裘”原本一字，其形状像毛在外的皮衣，与“衣”字相似。“求”字是在“衣”字的基础上加了外毛形象，它的本义就是皮衣。衣带中的“带”也是象形字。从“带”的形状上看，上面表示束在腰间的一根带子和用带子的两端打成的结，下面像垂下的须子，起着装饰作用。此类字还有“网、巾、系、革、衣”等。

会意字是用两个或两个以上的独体字，根据它们意义之间的关系合成一个字，综合表示这些构字成分合成的意义，这种造字法叫会意。会意字是根据事物间的某种关系而组合两个或两个以上的文字来示意的造字方法。用会意法造出的字是会意字，如“麻”字解析为“厂”与“林”的意义合成，即房内挂着一缕一缕的纤麻。

服装的产生源远流长，并在语言文字中得到深刻的反映。古汉语中有不少与服饰有关的字和词：表示上衣的“衣、裘、表”，表示下衣的“裳、裙、挎、挥、松”，表示衣袖的“袂、祛、袖”等。这些字是汉语服饰词语形成的最基本要素，此类字还有“裕、丝、纱、绵、棉”等。

汉语服饰词语也有两种表达形式。直接形容、描述服饰的基础用词，如服装、衣、鞋、帽、袜、袖、围巾、领、裤、丝、棉、绒、绸等。除此之外，还有一种阐释一定道理，表达一定思想内容的惯用语、歇后语、委婉语等熟语形式，如“绿帽子”“帽子里搁砖头——头重脚轻”“大盖帽”等。这些表现形式在我们汉语日常生活语言表达中比比皆是。例如：

那个年代我们经常会看到大盖帽在大街上走来走去。（大盖帽，人民群众对执法人员的统称）

打是亲骂是爱，他骂你是因为你确实伤害到他了，戴绿帽，无论哪个男人都无法接受。（常指妻子有不贞行为。）

你的这篇文章有点帽子里搁砖头——头重脚轻，你回去好好修改一下。(常指根基不扎实。)

　　汉语服饰词语,从语言学视角来说,历史悠久、结构稳定并且构词能力较强。汉语服饰词语作为文化的载体,承载着汉民族文化的深刻内涵。因此,服饰词语不同程度地带有尊卑、善恶、褒贬、奢俭等伦理道德观念或时尚、风格等美学色彩,人们可以通过这些内涵,了解社会的哲学思想、等级观念、审美意识等社会、历史和文化信息。

　　自古多彩多姿的服饰从记号语言升格为生活中语言,延伸出很多服饰词汇。这些词汇承载了深厚的中国古代服饰历史、服饰文化、审美风俗、社会生活的意蕴,丰富了我们汉语言的语汇。以与"衣"相关的词语为例,在古汉语中有:

　　白衣——无功名或无官职的士人。例如:

　　　　孙权通章表。伟白衣登江上,与权交书求略,欲以交结京师,故诛之。

　　朱衣——官员。例如:

　　　　每至冬至,及缘大礼,应朝参官并六品清官并服朱衣。

　　铁衣——战士。例如:

　　　　管教这数千员敢战的铁衣郎,则有个莽张飞他可便不服诸葛亮。

　　在现代汉语中有:

　　　　衣裳——泛指衣服
　　　　便衣——指警察

　　百家衣——中国特有的一种典型的民俗服装。父母期望孩子健康成长,向邻里乡亲讨要零碎布帛,缝制成衣服给婴儿穿,以此来求得吉利,这种衣服被称为"百家衣"。有时也用来指穷人所穿的补缀很多的

第四章 物质文化类汉语词汇研究

衣服。在日常生活中我们常常听到或者是用到这个词语。例如：

　　这几天，虽然我们吃的是百家饭，穿的是百家衣，但心里全都是感动和感激！
　　彦彬是个重情义、讲感情的人，他从小丧母，靠吃"百家饭"、穿"百家衣"长大，对乡亲、朋友有特殊的感情。

　　锦衣玉食——指着鲜艳华美的衣服，吃珍美的食品。形容豪华奢侈的生活。例如：

　　一个人可能过着成功而富足的生活，但是锦衣玉食并不一定就是幸福。

　　除与"衣"相关的词语之外，还有很多与服饰相关的词语，与冠相关的词语有：树冠、冠冕、怒发冲冠、冠盖如云、弹冠相庆、勇冠三军，等等。又如词语裙钗（指女子）、襟带（指衣襟和腰带，也比喻山川屏障环绕，地势之险要。）、倒裳索领（指把衣裳倒过来找领口。比喻做事找不到要点。）、袖里乾坤（指狭小的袖中能收纳天地之阴阳万物，比喻变化无穷的幻术。）等。在汉语日常生活语言中我们常见下列例子。

　　他们本应是"赤绳系足"，缔结百年之好，到头来却落得"分钗断带"，有情人难成眷属。
　　中国红歌会半决赛落下帷幕，所产生的红四大天王在男女数量对比上，可谓巾帼须眉平分秋色。

　　当代语言中的服饰词语更是妙趣横生，更富表现力。例如，衣锦还乡（指做官以后，穿了锦绣的衣服，回到故乡向亲友们炫耀）、袖手旁观（把手笼在袖子里，在一旁观看。多指看到别人有困难，不帮助别人）、巾帼豪杰（女性中的杰出人物）、扣帽子（对人或事不经过调查研究，就加上现成的不好的名目）、盖帽儿（形容那些罕见的、高超的事物和最好的、最高级的技艺）等。

　　另外，现代汉语中常用的服饰词语还有：衣冠楚楚、节衣缩食、一衣带水、勒紧裤腰带、裙带关系、张冠李戴、不要扣大帽子、乌纱帽、戴绿帽子、"踏破铁鞋无觅处,得来全不费功夫"、穿小鞋、破鞋、西装革履、削足适履、如履薄冰、同穿一条裤子、纨绔子弟、脚插到别人的裤管里、当你穿开裆裤的时候、领袖、提纲挈领等。

在我们现代日常生活中,所使用的与服饰相关词语比比皆是。汉语中很多服饰词语背后都有与服饰相关联的历史根据、传说和故事,体现了服饰词语的文化历史积淀。例如:

> "大红袍"讲的是一位穷秀才进京赶考,路过武夷山得了一种怪病而食欲缺乏,武夷山天心寺方丈命人泡了一碗茶送给秀才,结果茶到病除,秀才后来又中了状元,随后御赐一件大红袍。秀才后来充满感恩,将大红袍披到三株茶树上,因此后人将三株茶树产的茶叶称为"大红袍"。
>
> 南京雨花、杭州旗枪、安徽屯绿、福建武夷的大红袍,以及江西、江苏的云雾茶,都是畅销国外市场的上品。

"五服"与古代丧葬服饰文化相关。古时丧服按照跟死者亲疏分为五种,即古代丧服的五个等级,重轻有差别,五服之内为亲属,五服之外则不是亲属了。例如:

> 蒋每逢回乡过生日,对同族五服以内的贫苦年老穷而无靠者,每人给10至20元,博得老恤贫们的赞扬。

"石榴裙"涉及古代服饰色彩偏好。古代女子多喜欢穿红裙,其红色是从石榴花中提取。石榴裙是唐朝当时流行的服饰,后有"拜倒在石榴裙下"之说。唐天宝年间,唐明皇极其宠爱杨贵妃,以至不思朝政,因此众大臣迁怒杨贵妃,见她拒不行礼。后来唐明皇下令所有文武百官见杨贵妃都要俯首叩拜,以后"拜倒在石榴裙下"便流传下来,意为"对女子崇拜倾倒",显然含有讽刺的意味。例如:

> 噢,她使那一带所有的男人都拜倒在她的石榴裙下。她是世界上最俏丽的佳人了。

"汗衫"在古代最初被称为"中衣""中单",是一种用纱和绢制成的

第四章　物质文化类汉语词汇研究

内衣。汉高祖与项羽战时，汗透中单，于是就有了汗衫之名。今天的汗衫与古代的汗衫式样、质地均不同，可是仍然称作汗衫，是因为它们都有吸汗的功能。在现代汉语中指一种身上的薄内衣、吸汗的贴身短衣或者衬衫。例如：

  这几年，假冒伪劣大肆猖獗，上至彩电、冰箱，下至袜子、汗衫无一没有假冒伪劣产品。

"衣裳"则是指古代上下连在一起的服饰，即上衣为衣，下衣为裳。
"连襟"最早是指朋友关系。唐朝杜甫在送友人诗中提到"人生意气合，相与襟袂连"。襟是指衣襟，袂是指袖子，以此比喻亲密关系。北宋末年，洪迈堂兄不得意，其妻姐夫便为其写了推荐信去京城供职，于是这位堂兄托洪迈写了一封谢启，其中有一句是"襟袂相连"，意指自己和妻子的姐夫。"连襟"由此便开始流传开来。例如：

  于是，老东山直奔连襟的家门而来。
  萧家骥自己也笑了，看起来，他是想跟胡先生做连襟；既然至亲，无话不好谈。

词语"领袖"和服饰当中领与袖的功能有很大的关系。例如：

  义务教育起源于德国。宗教领袖马丁·路德是最早提出义务教育概念的人。

  蒋廷黻说他的父亲很有经商的天才，而且是一位民间领袖。

词语"绿帽子"与汉代服饰制度相关。汉武帝之后，服饰颜色成为区别贵贱、尊卑的一种标识。"绿色巾"为卑贱的服饰。对犯法的下属罚戴绿头巾。元明两代，乐人、妓女须着绿服、青服和绿头巾以示卑贱的地位。之后妻有外遇者为戴绿头巾。头巾即为帽子，所以后来演变为"戴绿帽"。

除此之外，像"两袖清风、戴高帽、裙带关系、三寸金莲、乌纱帽、百褶裙"等词语都有各自的历史渊源和来历。

四、与人物称谓相关服饰词语

人物称谓,包括称呼他人和自称两种。在有着数千年文化传统以及号称礼仪之邦的中国,人物称谓在社会生活中经过历代传承,已经成为一种社会习俗。通过探讨服饰人物称谓的服饰文化内涵,我们不仅可以加深对中国服饰文化内涵的理解,而且还可以了解、体会和观察到中国传统服饰文化中封建社会的阶级观念和等级差别。

中国是一个文明古国,同样它的服饰也历史悠久。中国古代封建社会中,不同阶层的人因穿着的不同而拥有不同的社会地位,所使用的不同称谓形式可以揭示一个人的社会地位和阶级属性。因为中国古代的服饰显示了服饰穿着者的尊卑贵贱以及性别职业差异,因此,不少服饰词语成为某类人物的代称,有的甚至通用至今。

基于人们基本经验的认知机制,人物称谓通常通过转喻表达意义。转喻体现的是事物某一方面特征的邻近和突显关系。转喻有两种方式:整体与部分之间的关系和整体内部各部分之间的关系。汉语服饰称谓具有相似的认知机制,通常是以服饰的某部分转喻指代人。

服饰称谓的本体是人。在人作为整体与其部分之间的转喻中,人们所穿服饰的某一方面特征在这些称谓词里得到了突显。例如,质料、配饰、色彩等。通常服饰称谓解释为:以服饰质料、服饰配饰、服饰色彩、服饰穿着方式以及服饰各构成部分转指某一类人。这类转喻涉及某类人群和服饰质料、类别、配饰、色彩等服饰特征的关系。

(一)以服饰质料转喻人

在日常生活中,不同阶层的差别是通过凸显服饰质料体现出来的,以服饰质料转喻人,体现的是服饰中的部分与整体的转喻关系,即以部分指代整体。因此,以服饰质料作为称谓应是服饰称谓词里数量最多的,服饰质料生动形象地表示人的称呼,同时也折射出人们的阶级属性。例如:

> 布衣:指麻布之类的衣服。因布衣是平民的衣着,故代指平民。平民的服饰质料特征通常是麻布,平民贫穷,只能用低

贱的织物缝制衣服。

以质料特征专指人。其他例子还有：

  褐夫：褐是麻毛织品，质地较次，是穷苦人穿的衣服。褐夫代指贫民。是广大的下层劳动人民的主要服饰。
  麻衣：麻衣即布衣，但词义有所不同。古代读书求官的士人一般都穿麻衣，所以，古时候把"麻衣"作为赴试求官的人的代称。

在封建社会里，服饰的社会功能被传承下来，统治阶级往往为不同等级的人制定不同的服饰及其不同的质料区隔，借以区别其阶级差异和社会地位的高低。

（二）以服饰类别转喻人

在古代，不同的社会阶层和不同的社会分工，人们的服饰穿着也不同。一个人与其他人的不同穿着凸显了二者不同的社会阶层群体。事物之间的凸显性是转喻的基础。通常是以部分代整体，即以特定的服装转指人物，体现的仍然是一种认知关系。例如，秦时平民用黑巾裹头，称作"黔首"，代指平民。"袍泽"是古代士兵所穿的衣服，故代指将士、战友。"同袍"指代朋友、同学、同僚等。"袍笏"是古代官员上朝时所穿的官服，故袍笏指有品级的文官。"袈裟"是和尚穿的斜襟对开服，故代指和尚。古代士以上戴冠，故"衣冠"常指士大夫或缙绅。而古代官吏常戴帽子，乘坐带顶的马车，因此冠盖指官吏的帽子和车盖，后以"冠盖"代指达官贵人。由于古代士以上官吏可以戴礼帽，因此用"冠冕"指代官吏。

（三）以服饰配饰转喻人

在古代人们的日常生活当中，服饰配饰也能反映出人们社会地位的差异。服饰配饰是服饰中重要的一部分，凸显一个人服饰美的观念与品位以及社会等级差异。例如：

巾帼：古代妇女戴的头巾，故代指妇女。在人的认知过程中，以特定的服饰配饰转指某一类人，体现的仍然是部分代整体的认知关系。

（1）韦带：熟牛皮制的腰带。普通平民系韦带，故代指平民。

（2）黄冠：黄色的束发之冠。因是道士的冠饰，故代指道士。

（3）金貂：汉以后皇帝左右侍臣的冠饰，故代指侍从贵臣。

（4）缙绅：官宦的代称。

（5）裙钗：唐以后用裙钗代指妇女。

（6）珠履：缀有明珠的鞋子。战国时楚国春申君有食客300多人，凡是上等宾客，穿的鞋子都缀有明珠，"珠履"成了豪门宾客的代称。

（7）冠玉：帽子上装饰用的美玉，故以此指代美男子。

上例从（1）~（7）中的称谓都是以配饰转指特定的群体，体现出以部分代整体的关系，从而使人们能够清晰地理解这些称谓的本身含义以及它们的社会意义。

（四）以服饰色彩转喻人

服饰色彩的不同同样反映的是社会阶级属性的差异。在古代，通常以服饰的颜色作为区分社会成员身份的尊卑贵贱的手段。任何人在服色方面的错误选择都意味着"罪"，从而使颜色逐步具有了地位尊卑的含义，阶层高下的文化特性。至隋朝之时，品级不同的官宦之间，所着服装色彩被严格区分开来，规定五品以上的官员可以穿紫袍，六品以下的官员分别用红、绿两色，小吏用青色，平民用白色，而屠夫与商人只许用黑色，士兵穿黄色衣袍，任何等级禁止使用其他等级的服装颜色。至唐时，所有社会成员的等级身份、大小官员的品秩序列都显示得清清楚楚，从此正式形成由黄、紫、朱、绿、青、黑、白七色构成的颜色序列，成为封建社会结构的社会等级标志。例如：

第四章 物质文化类汉语词汇研究

（1）黄裳：太子的代称。
（2）黄衣：道士穿的黄色衣服，故代指道士。
（3）紫衣：贵官。
（4）朱衣：官员。
（5）青衿：也作青襟，古代读书人常穿的衣服，故代指读书人。
（6）青衣：古代婢女多穿青色衣服，故代指婢女。
（7）白丁：古代平民着白衣，故以白丁称呼平民百姓。

上例从（1）~（7）人物称谓中，都是以某一群体服饰色彩转指该类群体，体现出服饰色彩与人物称谓的特殊关系及其在人们理解服饰文化内涵方面的重要作用。

（五）以服饰各构成部分转指称某一类人

领袖：原指服装的领子和袖子。由于领子和袖子是"衣"中极其容易磨损的部分，所以制作衣服过程中，人们通常在这两个地方费尽心思，目的是使之突出醒目。古人认为领和袖具有突出、表率作用，因此用以指能为人表率的人或者指最高领导人，此词沿用至今。

当然，以服饰来区别等级贵贱的情况在西方国家也十分普遍。中世纪贵族和农奴的服饰就有很大的不同，即使在贵族内部，因等级差异所体现出来的服饰差别也是显而易见的。服装的等级差异在文艺复兴时期达到了巅峰。服饰穿着可以表明一个人特殊的社会阶层，以及在该阶层中的地位、作用或者权利。例如，宫廷服饰与平民百姓的服饰。除服饰穿着不同外，贵族也有着自己的裁缝，手艺独特，精工细制。人们通过服饰及其缝制特征就可以轻松地辨认阶层归属。服饰的颜色以及使用的材料也暗示出其特殊意义。宗教理念对西方古代服饰的影响也体现在等级差异上。最典型的例子就是基督教的宗教理念对服饰形制的影响。从服饰的穿着差异就可以分辨出人们社会阶层的归属以及上下尊卑的身份差异。

总之，人物称谓是一种社会文化的体现，是主体的思想感情的载体。透过与服饰相关词语的人物称谓，我们发现在服饰之中包含着深刻的社会因素。由于服饰本身受着社会生产、生活环境以及社会制度的制约，因此不同的服饰以及服饰的不同特征既体现出人们的尊卑贫富以及不同的时代特色,又反映出不同的审美观念等精神方面的因素。

五、与服饰相关汉语歇后语

自1920年以来,歇后语作为一种自然语言现象一直是学者们研究的焦点之一。他们从多角度对歇后语进行了细致的描述,取得了大量的成果,尤其是近十年来,国内对歇后语的各方面研究都有较深入的探讨,围绕歇后语的性质、名称、内容、翻译、语法结构、修辞等方面展开研究,取得了一些共识,即歇后语前后两部分是"引子——注释"的关系。对汉语服饰歇后语进行解读研究,有利于丰富我国汉语语言研究。

歇后语是一种短小、风趣、形象的特殊语言形式,集中反映了中国劳动人民的智慧。歇后语属于熟语的范畴。研究者常常将歇后语分门别类进行研究,如动物歇后语、人物歇后语、军事歇后语等。与服饰相关汉语歇后语(以下简称服饰歇后语)也是歇后语中的一种,如"白布做棉袄——反正都是理(里),裤子套着裙子穿——不伦不类"等。歇后语通常由两部分组成,前面通常称为"引子",又称"源域",是话语交际中的显性表述,主要是对服饰及与各种服饰相关的经验、行为、状态、特征等加以描述,给听话人提供生活中与服饰相关的背景知识,是说话人大脑中的不完备表述;后面部分称作"注释",它是对该歇后语所进行的解释,是隐性表述,是说话人真正要表达的意向。

(一)与裤子相关的歇后语

下列歇后语中的源域"裤子"除涉及了"裤"服饰文化中的遮体、保暖功能外,还涉及与裤子相关的生活经验、行为、状态。例如:

　　脱了裤子打扇——卖弄风流。
　　撕衣服补裤子——于事无补;因小失大
　　袜子改长裤——高升(比喻官位又得到了晋级)
　　卖裤子打酒喝——顾嘴不顾身
　　截了大褂补裤子——取长补短
　　紧着裤子数日月——日子难过

第四章　物质文化类汉语词汇研究

许多歇后语的阐述情境是虚拟或夸张的,但仍然与服饰、与服饰相关知识、惯例、生活经验、观察等有关。

(二)与衣服相关的歇后语

生活当中我们经常使用诙谐、有趣的歇后语表达特定的意义。在这类歇后语中,与衣相关的歇后语比比皆是。例如:

乞丐的衣服——破绽多
狗熊穿衣服——装人样
熨斗熨衣服——服服帖帖
棒槌缝衣服——当真(针)
借票子做衣服——浑身是债
染匠的衣服——不可能不受沾染
大路边上裁衣服——有的说短,有的说长;旁人说短长

衣服多为统称,可以包含外套、棉袄、衬衫等服饰。例如:

我男朋友要训起人来,那绝对是海军的衬衫——道道多。

与衣服相关歇后语都涉及衣服的主体、围绕衣服以及缝制衣服的一些生活行为、经验等元素。汉语中与不同服饰相关的歇后语有很多,如下列是与棉袄相关的歇后语。

新棉袄打补丁——装穷
棉袄换皮袄——越变越好
白布做棉袄——反正都是理

此类歇后语在我们日常语言使用中比较多。例如:

"西单男孩"新棉袄打补丁——装穷,却驾着宝马离开,在街头征婚。

人总是棉袄换皮袄——越变越好。比如女人想越变越漂亮。但是变漂亮究竟是为了什么？这是人的一种本能，还是由于漂亮能够带来的诸如被爱的好处？

对于那个自私自利的人来说，他认为他的话都是白布做棉袄——反正都是理。

棉袄是老百姓冬天御寒的主要服饰，因此涉及棉袄的服饰行为、观察、感受等的歇后语比比皆是。例如：

五黄六月穿棉袄——摆阔气
破棉袄套绸衫——装面子
为灭虱子烧棉袄——因小失大；小题大做；得不偿失；不值得
爷爷棉袄孙子穿——老一套
马褂改棉袄——老一套
六月天穿棉袄——不是好人
三伏天絮棉袄——闲时预备忙时用

（三）与帽相关的歇后语

与帽子相关歇后语的源域常常是除帽子以外的其他服饰物体、非人的帽子主体或者涉及帽子的一些行为、经验等元素，注释通常是帽子统称或者特种帽子，将二者结合起来，寻找相似特征，激活一系列与帽子相关的服饰行为、活动或经验，读者很容易达到认知理解。与帽子相关歇后语在我们日常生活语言中很常见。例如：

她考上了清华，她全家都是帽子抛空中——欣喜若狂。
我觉得你的计划就是没有边的草帽——顶好，你要有自信。
你的这篇文章有点帽子里搁砖头——头重脚轻，你回去好好修改一下。
他已经给了你台阶下，不要再六月里戴棉帽——不识时务了。
两边都是我最好的朋友，这可真是三顶帽子四人带——难

第四章 物质文化类汉语词汇研究

周全。

你不要在这儿扫帚戴草帽——装人样,你做了什么自己清楚。

有时,人们会用拟人的方法赋予帽子等事物生命,以求形象地表达思想,同时达到诙谐、幽默的效果。例如:

靴子梦见帽子——想高攀

遇见这样一个靴子梦见帽子——想高攀的人,老王也只能叹口气,默不作声。

有的则将服饰与动物或其他非人的有生命物结合起来,利用拟人的方法,表达特定的含义。这一类歇后语在日常语言中使用较多。例如:

蝎子戴礼帽——小毒人

"啧啧啧,这么多年下来,我真没料想到,你竟然是这样一个蝎子戴礼帽的小毒人啊。"

猩猩戴礼帽——装文明人

穿着笔挺的西装随地吐痰,也只能说他是猩猩戴礼帽——装文明人。

蚯蚓戴帽子——土里土气

你们这些人没进过城,没见过大世面,再富有也还是一副蚯蚓戴帽子——土里土气的样子。

老百姓根据日常生活中使用帽子的方式以及经验创造出不少服饰歇后语。例如:

玉米棵上戴凉帽——凑人头

再没有往日熙熙攘攘的看客,他也只能找些朋友来捧场,实在是玉米棵上戴凉帽——凑人头。

在一定的语言使用环境中,通常说出前半截,"歇"去后半截,就可以领会和猜想出它的本意。例如:

汉语词汇与文化

西瓜皮做帽子——滑头滑脑；滑头

"嘿,你这小崽子,真是个西瓜皮做帽子的小滑头。"

袜子当帽子——臭出头了

他的丑行遭到了揭露,买的股票又全盘大跌,这样的时运也真乃袜子当帽子——臭出头了。

铁人带钢帽——双保险

我向他隐瞒真相,并让自己在一旁做个旁观者,这绝对是一个铁人带钢帽——双保险的举措。

（四）与腰带相关的歇后语

腰带是随着衣服的发展而发展,它逐渐从低级向高级发展而成为一种文化。人类之初是用动物的皮、树叶来遮羞取暖,这时需要一种细长绳状的东西——腰带把兽皮,树叶穿起来,固定在身上,以免滑落。腰带成为人们生活中不可缺少的服饰必备品。后来随着社会的发展,有了棉花之后,人们可以用棉花织布,从此,腰带逐渐形成一种非常实用的衣服附属品。过去生活贫穷,人们常常用一根草绳、一根葛条束在腰间做腰带或者用窄窄的一缕布条做腰带；后来随着生活的改善,就用一根稍宽的棉布带子做腰带,并根据日常生活中涉及腰带的行为、体验和观察等创造出很多与腰带相关的歇后语,广泛地应用到我们的日常生活中。当然,我们从中不难看到服饰在语言中的烙印。例如：

腰带拿来围脖子——记（系）错了
裤腰带挂杆秤——自称自个
稻草绳做裤腰带——尴尬
挑担的松腰带——没劲儿

这一类歇后语经常出现在我们日常语言使用中,以幽默、诙谐的方式阐明某种意义,使语言更活泼,简明易懂。例如：

遇到稻草绳做裤腰带的人或事,以微笑和沉默来对待或许是最好的。

高中时我对大学充满了美好的幻想,给自己规划了不错的生活,充实自己的头脑,结果考了很一般的学校,做什么事的感觉都是挑担的松腰带——没劲儿。我要尽快改变这种心态。

显然,腰带见证了社会的发展,从与腰带相关服饰歇后语中我们可以领略到服饰文化与特定的民族风俗之间的密切关系。

(五)与背心相关的歇后语

背心原指离心,即无领、无袖的衣服。与此相关的歇后语都与背心的特征有关,但日常语言中这类歇后语较少。例如:

　　驼子穿背心——遮不了丑
　　烂袜子改背心——小人得志(之)
　　穿背心作揖——露两手

第三节　汉语词汇与农耕文化

中国农耕文化最早兴起于中原地区,是指由农民在长期农业生产中形成的一种生产、生活文化,以农业生产、农业服务和愉悦身心为核心和主旨,不仅包括生产农具的改进、牛马等家畜的推广、猪羊等家畜的养殖、农作物的栽培以及精耕细作的生产方式,还包括汉民族对农耕文化的认识和体会,这一切都促成了中国农业生产技术的发达,并逐渐创造了世界上辉煌灿烂的农耕文化。

比如,为了避免完全靠天吃饭,人们相信人定胜天,大力发展农业水利技术。首先挖掘了渠道以浇灌农田,但是渠道多分布于平原地区,为了向高地或是离灌溉渠道及水源较远之地输送清流,中国人运用智慧又发明了另一种能引水灌溉的农具——水车。相传三国时诸葛孔明改造完善后首先在蜀国推广使用,因此,水车又称"孔明车",是中国最古老的农业灌溉工具,是先人们在征服自然的过程中所创造出来的高超劳动技艺,也是珍贵的历史文化遗产。

此外,很多文化词汇也反映了汉民族对于农耕文化的认识和体会。比如"民以食为天""以农为本""以农立国",反映了人们对古代农业的认识,而历史上一些贤明仁德的皇帝加大农业的投入,强调农业作为"立国之本"的地位,更是造就了"文景之治""贞观之治"等中国历史上的强盛时期。比如西汉的汉景帝(公元前156—前141年在位),就非常重视农桑,曾和百官一起劝农,让皇后督导种桑、养蚕、织布诸事宜。他还曾下诏说:"农,天下之本也,黄金珠玉,饥不可食,寒不可衣。"意思是说,农业是国民经济的命脉,当没有粮食、没有布匹时,黄金珠玉既不能当饭吃(饥不可食),也不能当衣穿(寒不可衣)。汉景帝强调农业在国民经济中的根本地位,保养民力,增殖人口,逐步恢复和发展经济,从而形成了汉代比较繁盛兴旺的历史时期。中国古代农业是一种自给自足的自然经济,"男耕女织"就是这种自然经济的真实写照。农民们祖祖辈辈在土地上耕作收获,以家庭为基本单位,"日出而作,日落而息,凿井而饮,耕田而食,织布为衣",自给自足,很少离开土地和家乡。浓重的家园意识,使得中国人向来重土安居。年复一年地辛勤劳作,更是使中国农民养成了刻苦耐劳、朴实忠厚的优良品德。他们重视现实的收获和农业生产经验,渴望过上衣食无忧的幸福生活,这也就形成了中国人重视实际、强调经验的民族性格。比如老百姓经常挂在嘴上的"出水才看两腿泥",意思是说,什么事情不能刚开始就论成败、论得失、论高低,最后得由结果来评定;也可理解为,一些事情到底如何,眼前还不能下结论,得过一段时间才能见分晓。

又如,"是骡子是马,拉出来遛遛",马和骡子体形类似,本领却各有所长。骡子食量小,奔跑慢但负重大;马食量大,负重小但善于奔跑。比喻"现实生活中的嘴上巨人夸夸其谈,无所不能。一旦让其展示真才实学,就显现出真实的面目了",意即"衡量一个人的能力,最好的办法不是听其言,而是观其行"。是骡子是马,拉出来遛遛就知道了。这些文化词汇凝聚着中国农民的生活经验和聪明智慧,更体现了农耕文化对语言的影响,下面我们从农业生产、农作物的种类两个方面来谈谈在农耕文化的浸润影响下所形成的汉语文化词汇。

第四章　物质文化类汉语词汇研究

一、与农业生产有关的文化词汇

【节气】季节；气候。

《红楼梦》第九十四回："如今虽是十一月,因节气迟,还算十月。"

中国古代历法,根据太阳的运行轨迹,将一年划分为二十四节气。其名称为：立春、雨水、惊蛰、春分、清明、谷雨、立夏、小满、芒种、夏至、小暑、大暑、立秋、处暑、白露、秋分、寒露、霜降、立冬、小雪、大雪、冬至、小寒、大寒。每段开始的第一日为节气名,每一节气共15天。二十四节气的名称有的表示气候变化,有的表示气温变化,有的表示降水、降雪情况,有的说明农作物生产情况,有的表明农事季节状况,因此,在农业生产上有重要的意义,是中国夏历的特点。

俗话说："种田看节气。"几千年来,中国农民都按照二十四节气来安排农业生产和生活。这也是农历(又称"夏历")一直保留至今的重要原因,而把和农业生产有密切关系的二十四节气放在历法中,这既是中国古代劳动人民的创造,也是中国农耕社会的影响所致。

【梯田】在山坡上开辟的农田,最早也被称作"山田",样子像楼梯,一级一级的,边缘修建有田埂,以防止水土流失。梯田依山而建,它是中国农民长期的劳动成果,是智慧的结晶。广东梅州的客家梯田文化更是成为客家文化的一个鲜明特点。

【桑梓】"桑"的文化意蕴丰富,在中国数千年的农业文明中占据独特的地位,而且独具汉民族文化特色。"桑梓"一词,最早出自《诗经》。《诗经·小雅》有"惟桑与梓,必恭敬止"诗句。桑与梓为古代住宅旁的常栽树木,且为父母所栽,正所谓"前人栽树,后人乘凉",面对它,后人必生感念之心,自然恭敬有加。后来人们就用故乡最常见的这两种树木来代指故乡。

【解甲归田】脱下战袍,回乡务农。指将士复员,不再从事战争生涯。

【刀耕火种】古时一种耕种方法,把地上的草烧成灰做肥料,就地挖坑下种。"刀耕",意用石刀或者类似金属类的器具来翻耕土地,让土地变松,以利于农作物种子的生长发育。也泛指最原始的耕种方法。

【鱼米之乡】盛产鱼类及稻米等的富庶地方。

【种瓜得瓜,种豆得豆】比喻做了什么样的事情,就会得到什么样的结果。

【谷雨前后,种瓜种豆】谷雨季节,气候变暖,雨量增加,春耕春种,万物更生。由于雨水滋润大地,五谷得以生长,所以"谷雨"就是"雨生百谷"的意思。例示:

农谚云:"谷雨前后,种瓜种豆。"谷雨节气到来后,一场春雨一场暖,天气也一日比一日暖和,正是春播的好时机。

二、与农作物有关的文化词汇

【针尖对麦芒】针尖很细,麦芒就是麦穗前面的尖。比喻双方策略、论点等尖锐地相对,互不相让。例示:

周立波《暴风骤雨》第一部第九章:"媳妇总跟他干仗,两口子真是针尖对麦芒。"又,周而复《上海的早晨》第一部第九章:"像是针尖对麦芒,你来我往,刀对刀来枪对枪,谁也不让。"

【一枕黄粱】唐代沈既济《枕中记》载,一个姓卢的书生在邯郸旅店中睡着了,进入了梦乡,在梦中他历尽富贵荣华,一觉醒来,主人黄粱饭尚未煮熟。后因以"一枕黄粱"比喻虚幻的梦想。也作"黄粱一梦""黄粱美梦"。例示:

清代袁枚《梦》诗:"古今最是梦难留,一枕黄粱醒即休。"又:"你别在这里做黄粱美梦了,他还能把吃到肚里的钱再吐出来还给你?"

【稻草人】农民为守护田地,防止鸟雀糟蹋谷物,用稻草扎成人形,立于田地边上,谓之"稻草人",后比喻装模作样的偶像。例示:

郭沫若《一只手》第三章："他们还说什么天,还说什么上帝,这只是有钱人的守护神,有钱人的看家狗,说更切实些就好像有人的田地里面的稻草人。"

【五谷不分】语出《论语·微子》:"四体不勤,五谷不分,孰为夫子?"此处意思是批评孔子不参加劳动,不能辨别五谷,怎么做老师呢?现在多用来形容脱离生产实践,缺乏生产知识。例示:

现在很多城市里生活的孩子,真的是四体不勤,五谷不分了,很多孩子根本不知道玉米、麦子是怎么种出来的,更不知道盘中之饭,粒粒皆辛苦!

第四节 汉语词汇与生活起居文化

中国疆域辽阔,历史悠久,有着七千多年的建筑历史。中国大地上出现过众多的古代建筑,而且至今仍保存着丰富的古代建筑遗迹。中国古代建筑集科学性、创造性、艺术性于一体,既具有独特的风格,又具有特殊的功能,在世界建筑中独树一帜。可以说,无论是秦砖汉瓦、隋唐寺庙、两宋祠观,还是明清故宫、皇家园林……无不凝聚着中华民族的智慧,成为中华文化的重要组成部分。而且,住房问题在中华文化中占据着重要的地位,古时中国常常是聚族而居,住房也常常成为一个家族联系的纽带,而中国人又受到重土安居的思想影响,房屋作为重要的不动产在中国人眼中则更占据着重要的地位。常言道:"安居才能乐业。"因此,民居是中国人生活中的第一要素。

一、各地民居与日常生活

在日常生活中,民居与人们的关系真是太密切了。它同我们历史悠久的饮食文化和服饰文化一样,源远流长,风格各异,深刻反映着社会生活。常言道:"民以食为天,人以居为地""安居"方能"乐业",所以古人云"成家立业",意谓"先成家后立业"。只有拥有了一处安身立命之地,民众的生活才可能安乐、祥和。

"家"字,甲骨文和金文的写法均是从宀从豕,"宀"即"房子";"豕"即"猪"。这个字的意思连起来就是"房子里圈养着猪",这也许就是远古时期中国农家生活的真实写照,表明"猪"很早就已成为人们家庭生活的重要组成部分,而汉民族也很早就摆脱了穴居的生活,蓄养牲畜,无须再迁徙漂泊。另外,甲骨文中已出现了多种农作物名称,如"麦、黍"等,也有大量以"猪、牛、羊"祭祀的记载,这些均印证了殷商时期的人们已经有了稳定的农业和畜牧业。

当然人们对"家"的需求和渴望不仅仅是这些,人们希望"家"要能够保障安宁的生活,"宿、寝、梦、寐、安、宁、宝、富、定、宜"等字在甲骨文和金文中也均与"家"有关,这些字反映了人们对家的更多的需求。安定、平安的生活要以"家"为依托,快乐、和谐的日子要以"家"为背景。从基本的住宿到更高级的精神追求,人们的身体以及心灵的归宿都是"家"。因此,民居在普通民众的心中占据着重要地位。

二、汉语词语反映出各地民居的风格和样式

汉语中说男女双方的社会地位和经济情况相当,很适合结亲,常说两家"门当户对""门第相当"。因为在封建社会,住宅和大门直接代表着主人的品第、等级和社会地位,人们只要一看大门,就能知道房主人的身份。

【大门不出,二门不迈】此成语形容安分守己,深居简出,多用来形容大家闺秀"安分守己、性情娴静"。例示:

> 我一个妇道人家,整天大门不出,二门不迈的,哪有那么多的朋友?

【二门上门神】比喻居于次要地位的人。例示:

> 《醒世姻缘传》第二回:"夫妻到底是夫妻,我到底是'二门上门神'。"

第四章 物质文化类汉语词汇研究

【五脊六兽】这一俗语流传于鲁南一带,在当地常听人讲:"某某有钱烧包,烧得'五脊六兽'哩。"意思是说某人因钱多而得意忘形了,胡花乱花,显摆炫耀。那何谓"五脊六兽"呢?此与古建筑的屋顶式样——殿顶有关。虎殿顶的外形特征是四坡五脊,即屋顶的前后左右都有斜坡,前后坡相交成正脊,左右两坡同前后坡相交成四垂脊,共为"五脊"。正脊的两端是"龙吻",又叫"吞兽",另外四条垂脊排列着五个兽类,合为"六兽",有镇宅避邪的作用。这些小兽排列有着严格的规定,按照建筑等级的高低而有数量的不同,最多的是故宫太和殿上的装饰,共有十个,这在中国宫殿建筑史上是独一无二的,显示了至高无上的皇权地位。

在古代社会,虎殿顶被认为是等级最高的屋顶形式,修建耗资甚巨,即使在宫殿庙宇中,也只有最尊贵的建筑才使用虎殿顶。普通民众因有钱而想修建带"五脊六兽"的虎殿顶住宅,无异于忘乎所以,故人们称之为"烧包",也反映出人们对此种摆阔、挥霍行为的鄙视。现在该词又增加了引申义,形容心烦意乱、忐忑不安。例如,老舍《四世同堂》第六十九章:"这些矛盾在他心中乱碰,使他一天到晚五脊六兽的不大好过。"广东话中有"拉埋天窗"一词,意为"关闭天窗"。该词俗指为儿女完婚,现在一般泛指结婚,为什么由关闭天窗转指为儿女完婚呢?这种转指与旧广州的建筑有关:旧时西关的屋子中,整个屋子除了房门和窗子通风外,还在屋子靠近顶端的位置开一扇天窗给屋子通风,一般在下雨的情况下才关闭(拉埋),而新婚的人习惯将门窗关好,久而久之,"拉埋天窗"这句话就成了结婚的代名词。现代又添加了新的含义:指原本隐藏的恋爱关系对外公开。

三、与民居习俗有关的汉语词语折射出人们的生活智慧

很多地方有"富不富先看屋"的说法,这是说宅院是一家人社会地位、经济条件的象征,是整个家族的面子。所以,过去官宦富贵人家常常花几年、十几年甚至于几十年修筑自己的宅院,而一般乡间的农民如果手中稍有一点余钱的话,考虑最多的也是如何置地盖屋,改善自己的住处。现今农村很多地方相亲,又称为"相宅院"。也就是说,女方家的人通过看男方家的房子来大致估算男方家的经济情况,也就是一般老百姓常说的:富不富,先看屋。

鲁南一带现今有"与人不睦,劝人盖屋"之民谚。意思是说与别人不和睦,欲报复整治他时,就劝那家人盖屋建房。这是因为修置房产、建房筑屋是件分量很重、非常不容易的事,也是一件非常折磨人的事情,所以鲁南民间有"与人不睦,劝人盖屋"的说法。

此外,中国各地大多有"远亲不如近邻,近邻不如对门""百金买房,千金买邻"之民谚。意"远方的亲戚不如近地的邻居好"。当事情紧急或身陷困境时,远方的亲戚再好也应不了急,不能迅速帮助自己解决困难,而"百金买房,千金买邻"则是强调选择好邻居比买房子更为重要,因此,古代"孟母三迁",就是为了给孟子找到一个成长的好环境。这些民谚强调睦邻友好,邻里之间要建立和谐的人际关系,进而共同营造互帮互助的居住环境。时至今日,这些民谚、格言、警句对民众而言,仍具有指导和劝诫意义。

【墙头草,随风倒】墙头上的草,哪边风吹得大,它自然就会往哪边倒过去。比喻人立场不明确,毫无主见、顺风倒、见风使舵,该俗语带有明显的贬义色彩。

【挖东墙补西墙】挖这里的去补那里,比喻勉强应付,也多用来形容人做事缺乏长远的计划,只顾应付眼前的急需。

第五节　汉语词汇与交通行运文化

交通行运是社会生产力发展到一定阶段的产物,它既是一种生产活动,又是一种消费文化,涉及人们的物质生产、社会生活和商业贸易活动,而且不同时代、不同地域的交通行运文化也存在着一定的差别。

一、民间出行禁忌与文化词汇

出门远行,也是人们日常生活中常遇到的。旧时交通不便,出门远行困难很多,最怕遇上灾祸,所以民间有很多出行方面的禁忌。比如,云南的马帮就有农历腊月、六月忌远行以及"春不走东,夏不走南,秋不走

第四章　物质文化类汉语词汇研究

西,冬不走北"的讲究。有首古诗感叹行路艰难,描述了出行的诸多禁忌:"常忆离家日,双亲拊背言。遇桥先下马,有路莫行船。未晚先寻宿,鸡鸣再看天。古来冤枉者,尽在路途边。"一般来说,民间出行方面的禁忌主要有以下两方面。

(一)慎选出门吉日

古人出行多择吉日。商代甲骨文中就常见占卜择吉出行的记载。商朝人用火烧龟甲或兽骨,然后根据甲骨上出现的裂纹来判断未来的吉凶。帝王出巡、郊游打猎、外出办事、将军远征等都要进行卜问,以预测出行的吉凶。这种选择吉日出行的做法在民间至今仍广为盛行。比如,民间俗语有云:"三六九,往外走。""初五不出门,初六好兆头。""六"在中华文化中是个吉祥的数字,人们常说"六六大顺",因此,"六"会让人联想到"顺利",所以很多人选择在初六、十六、二十六出门,以图旅途平安,出行顺利。

(二)路上行走禁忌

行路时,忌讳遇上送葬的,俗以为不吉利;如遇之,要将帽子或衣服脱下,扑打数次,以散晦气。在数人同行时,各地大多有"夜不前行,昼不后行"的说法。这主要是因为夜晚在后走,前面遇险,可速避之;而白天在前面走,路有遗钱,可先拾之。

此外,民间还有俗语云:"有钱难买回头望。"意思是说,出门时要仔细清点行李,以免遗落。还有俗语说得好:"出门三辈低。"告诫出门人要百般忍让,这是因为"是非皆因强出头"。出门千里,离家在外,更为忌讳的是钱财外露、夸口张扬,民间至今仍有"出门不露白,露白会失财"之警语。

二、民间交通行运习俗与文化词汇

人们来到这个世界上,就少不了和行路打交道。出行和我们的生活密切相关,因此在语言中也有相当多的格言、俗语、谚语、歇后语等反映了出行与生活的关系,这些词语都体现出人们的生活智慧。

中国的交通行运礼俗是很丰富的,行车、走路、驶船、驾车也各有各的礼俗。甚至在古代,乘不同的车往往有不同的礼俗。像"行车":途中两车相遇,应"贱避贵,少避长,轻避重,去避来",此俗至今沿用。行船礼俗"轻避重,贱避贵,去避来",基本与行车的礼俗相同。现代驾驶汽车,又有"右转让左转,下坡让上坡"等交通规则,倡导文明出行,礼让行驶。

人们"走路"则要求在堂上走路,步子要小,不能太快;在堂下走路可以迈大步。在道路上行走,若父子同行,则父前子后;兄弟同行,兄前弟后;朋友同行,则应并排走。两人并行,右主左次;两人前后行,前主后次;三人并行,中间为主。中国人在道路上行走的习惯与日本等一些国家有很大的不同、无论是行人还是各种车辆,一律都是靠马路右侧行走。此外,从一些汉语俗语还可以看出古代各个地区人们的交通所采用的各种不同的交通工具。比如:

【任凭风浪起,稳坐钓鱼船】无论风浪怎样大,不慌不忙地坐在船上钓鱼,多用来形容人胸有成竹、不慌不忙的态度。例示:

不管形式如何变化,只要我们坚持求真务实,坚持改革发展之路,完全可以任凭风浪起,稳坐钓鱼船。

【老牛拉破车】形容人做事就像老牛拉破车,慢慢吞吞,不讲究效率。例示:

你真是老牛拉破车,拖拖拉拉的,一份工作计划你都搞了两个多月了还没弄出来啊?

【骑驴不知赶脚的苦】赶脚的:以前指赶着驴、马、骡子等供人雇用的人。本条俗语的意思是:骑驴的人不知道赶着毛驴走路的人有多么辛苦,多用来埋怨某人不体谅别人的苦处。例示:

你真是骑驴不知赶脚的苦,我们修路工人在野外辛苦工作,你们这些天天坐办公室的领导哪里知道其中的酸甜苦辣?

第四章　物质文化类汉语词汇研究

　　这些俗语反映出中国各地所存在的赶脚的驴、船只、牛车等不同的交通工具。另外,一些俗语还包含和体现着人们的生活智慧和美好愿望。例如:

　　【顺风车】搭便车。比如要去的地方是另一人刚好要经过的,可以顺便乘车而行,这就是坐"顺风车",也叫"搭便车"。那么为什么叫"顺风车"不叫"顺路车"呢? 这是因为汉语中的"顺风"既指顺着风向行进,有"快速、便捷"的意思,也有"顺利、和顺"的意思,表达出人们祈求出行平安、顺利的愿望。例示:

　　　　天天搭你的顺风车上班,也挺不好意思的,要不这个月我出点儿汽油费吧?

　　【闯红灯】除了在交通路口无视红灯,强行闯过之外,还引申指某些人无视规定、原则的限制,做不该做的事。例示:

　　　　当今社会竞争激烈,一些人想发财,但不遵守法律规定,随便"闯红灯",结果进了监狱。

　　【慌不择路】人在慌张急迫时来不及选择道路,比喻人需求急迫来不及选择。例示:

　　　　在大家的围追堵截下,小偷慌不择路,一头撞到了汽车上。

第五章　制度文化类汉语词汇研究

在人类社会长期发展演变的过程中,人们为了规范生活,就创建了一定的规约与规则,这些规约与规则后来就形成了制度。制度对于每一个人而言都不陌生,在生活中会受到制度文化或多或少的影响。本章重点研究制度文化类汉语词汇,包括汉语人名的文化取向、汉语成语的文化凝聚、汉语称谓词的文化透视、汉语禁忌词的文化制约。

第一节　汉语人名的文化取向

一、姓的变化和社会发展

汉语传统人名一般由姓、名、字三个部分组成。姓在前,名、字在后,这一次序本身已意味着姓的重要。姓,通常又叫姓氏,但在上古时代姓和氏却并不一致。姓本是"只知其母不知其父"的母系社会的产物,其时只有妇女才有姓,她们执掌着部族大权,姓是部族的标志,一个姓往往代表着一个母系部落的族号。

氏,本是母系社会中男子身份贵贱的标志,"三代之前,姓氏分而为二,男子称氏,妇人称姓。氏所以别贵贱,贵者有氏,贱者有名无氏"(《通志·氏族略》)。随着社会的发展,男子经济地位提高,妇女逐渐失去了对姓的特权,姓反而成为男子的象征,子女皆从父姓。至此,姓氏也合而为一。不过,开始时姓还只为上层贵族所拥有,平民还是与此无缘,直至战国时期才开始逐渐普及。汉语中"百姓"一词的词义递变正折射出这一变化。

"百姓"的"百"是众多之意,此词出现比较早,在《诗经》《尚书》中

第五章　制度文化类汉语词汇研究

已时时可见。它的出现标志着其时贵族群对姓的拥有："群黎百姓,遍为尔德"(《诗经·小雅·天保》);"百姓"在这里都泛指众贵族。至战国时代由于姓不再为贵族所垄断,故词义发生变化,开始泛指平民。《孟子·梁惠王》中多次用"百姓"一词,指的都是普通的自由民,现代汉语"百姓"的词义指的是普通民众,与此就相当接近了。

秦汉时代彻底废除了周代的宗族世袭分封制,姓、氏的作用、价值也随之发生极大的变化,姓、氏之别日益显得毫无意义。清初顾炎武说:"姓、氏二称,自太史公始混而为一。"司马迁作《史记》,将姓、氏"混而为一",只是顺从了当时的习惯,至此,姓氏完全演变成仅仅是一种宗族的徽号。子沿父姓,代代相传。现代汉语更将"姓氏"作为一个词看待。

在漫长的历史发展中,中国人的姓氏越来越丰富多样,也越来越复杂。有单姓,也有复姓,个别的还有三字、四字的姓。据统计,如果将古今姓氏一并计算,单姓、复姓总数可达七八千个之多,不过有些现在已经不再使用。其中常见的单姓也有一百多个。相当一部分姓氏仍能看出它们同历史文化的某些联系,如龙、马、熊、羊诸姓,显然同古图腾崇拜有关;王、侯、文、武诸姓,就取自先祖的爵位或谥号(周朝文王、武王后裔,除姬姓外,还有用"文""武"为姓的);齐、鲁、魏、吴诸姓,又当是先秦时代各诸侯国的后人;尉、史、司马、司徒诸姓,则来自官职名称。此外,有部分姓氏还来自其他少数民族,如独孤、呼延(匈奴族)、慕容、宇文(鲜卑族),堪称民族交流、融合的一个旁证。总之,中国人的姓氏有着鲜明的民族印记,凝聚着强烈的宗族观念和血缘关系,一直到现在,还常有海外华人回大陆来寻姓寻根,构成了中国文化的一个很特别的现象。[①]

二、人名的民族特色

传统人名由名和字两部分组成,一些文人士大夫还有起号的习惯。如果说姓氏的作用在于"别宗族",而"名"则是个人的语言标识符号。在"正名"观念的影响下,中国人自古以来就重视取名,春秋时代即有所谓"命名之道"的说法,"名有五:有信,有义,有象,有假,有类。以生名为信,以德名为义,以类名为象,取于物为假,取于父为类"(《左传·桓

---

① 张玉梅,李柏令.汉字汉语与中国文化[M].上海:上海人民出版社,2012.

公六年》)。大诗人屈原在其杰作《离骚》一开头就历述自己先天具有的"内美":一是"帝高阳"的后代,二是出生在寅年寅月寅时,三是父亲给取了个好名字——"名余曰正则兮,字余曰灵均",可见对名字的重视。后世甚至更有把命名纳入礼法者。正因为如此,人们常常把命名与个人运遇、家族命运、国家兴衰联系起来。命名的用意自然也就深受时代、文化、心理等因素的影响。在语言形式上,汉语人名是以一字名、二字名为主,三字名极少见。时至今日,单字名尤为盛行。

字,又叫"表字",这一习俗出现得似乎也比较早。《礼记·曲礼上》已有"男子二十,冠而字;女子许嫁,笄而字"的说法。男女成人之后取字,标志着一个人正式步入社会,是受人认可、尊敬的开始。颜之推的《颜氏家训·风操》云:"古者名以正体,字以表德"。名和字有不同的作用。在讳名的语言迷信观念的影响下,古人认为一个人的名是不能随意称呼的,长大以后立字代之,讳名称字。除了君对臣,父对子,师对徒可以称名,同辈之间只能以字相称,而不能呼名。名只用来自称,以示谦逊;字用来供人称呼,以示尊重。名与字在古时可谓各司其职,各有分工,在词义上往往又明明暗暗地互相联系,互相补充,体现命名取字的完整意图。试举几个明显的例子:

孔鲤:名鲤,字伯鱼。按:鲤是鱼的一种。孔鲤,孔子之子。
诸葛亮:名亮,字孔明。按:孔,甚也;"孔明",与"亮"暗合。
马致远:名致远,字千里。按:"千里"自然"致远"了。
唐寅:名寅,字伯虎。按:十二天干中寅者,即虎也。
蒲松龄:名松龄,字留仙。按:松龄千年,自当留仙。

字的语言形式也以一言字、二言字为主,二言字占绝对优势。字的传统保持了很久,中国近代民主革命先驱孙中山(原名文,字逸仙)、文学家鲁迅(原名周树人,字豫才)还都有名有字。不过,随着时代变迁,命字的传统现在已经不复存在了。

取号的风气主要在文人士大夫中流行。"号"往往根据一个人的年龄、生活环境、志趣爱好等来取。有的人一生中还取过好几个号。比起名、字,号显得较为活泼,因为起号者大都是文人雅士,所以往往不拘常规,颇少儒学头巾气。如明大剧作家汤显祖,字义仍,儒学气味很重,而其自号"清远道人"何其飘逸。后人在称呼前人时也往往喜欢称号,如唐诗人杜甫,自号"少陵野老",后人就常常称之为杜少陵,编其诗集也有称《杜少陵集》的。现代人已不用号,但文人常常喜欢取笔名,似乎同此一脉相承。

三、人名和宗族观念

在中国历史上,不仅是姓,人名也体现出浓厚的宗族观念。以宗族体系为基础的整个中国封建社会,始终重视儒家提倡的显亲耀祖、光宗睦族、昌大后裔,故人名中"继祖""承祖""显祖""耀祖""光祖""显宗""耀宗""承宗""光宗"以及"辅嗣""念孙""延世"之类的名字真是举不胜举。这些名字或寄托承先启后的心愿,或寓有继业兴宗的期望,或表示尊祖爱嗣之意。凡此种种,都反映出强烈的宗族观念。

不仅如此,在家族人名总体设计上同样强烈地体现出这一观念。具体表现在两个方面:其一为"排行",其二是"字辈"。

所谓"排行",是指同辈兄弟强调"长幼有序""睦如手足"。有一些特定的排行字,如伯(孟)、仲、叔、季、稚、幼等,从周代以来沿用至今,用以区分长幼次序。例如,周末有名的伯夷、叔齐两兄弟,观其名即可知是老大、老三;孔子,字仲尼,当是老二;东汉班彪二子班固、班超的字分别为孟坚、仲升;三国孙策、孙权两兄弟的字分别为伯符、仲谋;先秦故事中的孟姜女等,都使用这些排行字。

除了这种通用的排行字,许多家族也常用以下两种方法。

(1)两字名中有一字相同。如明光宗朱常洛诸子都有一个"由"字:由校、由楫、由模、由检、由榔等。

(2)单字名用同一偏旁的字。比如明太祖朱元璋诸子的单字名就都以"木"为偏旁:棣、桢、檀、椿、柏、桂等。复杂的还有把这两种方法结合起来的,清康熙帝诸子名中都有一个"允"字:允祉、允祺、允祀、允祥、允礼、允禧、允祜等。这些名中除一字相同外,还有一字也是同偏旁的。

这些命名方法不仅限于皇家,同样也为朝臣、百姓所效仿,成为汉民族命名的一种常规。此外,在日常生活还有一种极简单的排行法,十分流行,就是除第一字用"大"字外,余皆直接用数字来表示。试举一些白话小说中的例子,如武大郎、孙二娘、扈三娘、杜十娘。这一习俗在唐代尤为流行,唐代官宦文人都喜欢用排行相互称呼,如称李白为"李十二",崔成甫有《赠李十二》诗;称杜甫为"杜二",李白有《鲁郡东石门送杜二甫》。不过,唐人的排行是把同辈分的堂兄弟都计算在内的,故而队伍特别庞大,如李白诗集中提到的就有"侯十一""裴十七""于十八""萧三十一"等友人,于此也可见唐代社会的门第宗族观念还是很浓重的。唐代以后,门第观念日益淡薄,称排行均以直系嫡亲兄弟姐妹计算,人数就没有这么多了。

所谓"字辈",是指一个家族中同辈的成员名字中都有一个相同的字,不同辈的用不同的字,这些字都是事先早已确定的。古人用字辈来表现一个宗族的尊卑序次,维系宗族团结。同族的人,不论居住在哪里,只要看一眼名字就可以认明亲戚之情,分清长幼尊卑。这方面最典型的莫过于孔氏宗族。凡是孔子后裔,其后代的命名都有一定的字辈。由于孔子世家历来受统治者器重,自明代至清代,孔门后裔的序辈字几乎都是由封建帝王特意颁赐的。《清碑类钞》中就记录了孔氏30个不同辈分的用字:

希、言、公、彦、承、弘、闻、贞、尚、衍、兴、毓、传、继、广、昭、宪、庆、繁、祥、令、德、维、垂、佑、钦、绍、念、显、扬

1920年,孔门第76代孙孔令贻又呈报北洋政府批准,在这30字后又续了20个字:

建、道、敦、安、定、懋、修、肇、益、常、裕、文、焕、景、瑞、永、锡、世、绪、昌

这些字,无一不是富于儒家道德规范的意义,孔门一族千余年来严格遵守,世代相继。例如,近代蒋、宋、孔、陈四大家族中的孔祥熙即是"祥"字辈的孔门族人,其辈分从名字上看一目了然。

由于封建统治者的提倡,这种排字辈的取名方式颇为盛行。从帝王贵胄到平民百姓,凡修有族谱的宗族,在命名时一般都要按字辈来排列。当然,选择辈分字在不违背民族伦理道德的前提下,可以各显神通。如宋代著名理学家朱熹家人的名字就很有意思。朱熹的"熹"部首从"火",其余如:

第五章 制度文化类汉语词汇研究

朱父名松："松"字从"木"。
朱子名塾："塾"字从"土"。
朱孙名钧："钧"字从"金"。
曾孙名凌："凌"字从"水"。

这五个字分别以五行字木、土、火、金、水为偏旁，表示从其父至其曾孙五代的辈分。这种命名方式从一个侧面说明阴阳五行观的影响。

第二节　汉语成语的文化凝聚

一、成语中的起居

人们的生活离不开房屋。从远古时起，原始人类就以穴洞为居。进入氏族社会后，人们开始营造土屋，转为半穴居，进而又逐步转为地面建筑。随着生产力的不断发展，人们的居住条件也不断提高。成语中反映人们的居住条件、居住习惯的条目也不少，如"穴居野处""登堂入室""窗明几净""穿房入户""雕梁画栋""床上叠床""扫榻以待""高枕无忧"等。

成语"穴居野处"是指上古时代，原始人居住在洞中，生活在荒野，形容原始人的生活。我们的祖先最早是以穴为居。《周易·系辞下》记载："上古穴居而野处。"从其他历史文献记载和考古发现，旧石器时代的人类在解决住的问题上，大约是通过从地下到地面和从空中到地面的两条发展途径，最后，创造了有基础、有墙壁、有屋顶三大部分结构的地面建筑。人类最早利用天然山洞居住。在北京周口店、山西垣曲、广东韶关、湖北长阳、广西柳江等地，相继发现了公元前几万年、几十万年以前我们祖先居住过的山洞。其中保存较好、年代最早而又经过科学发掘的，是北京房山周口店"北京人"居住过的山洞遗址，距今已有50万年的历史。

到了原始社会后期，农业生产有了萌芽，工具改进，出现了锋利光平的磨制石器，人类进入了相对定居的新石器时代。这时，简单地利用、加工天然山洞已经不能满足人类居住的要求了。于是，在我国黄河流域和适宜于开挖洞穴的黄土地带，人们挖掘了各式各样的洞穴来居住。从半坡遗址来看，新石器时期黄河流域的母系氏族公社已经处于半穴居状态。已发掘的房屋基址有方形、长方形和圆形的，其中以圆形的居多。这些半地穴式的住房，是在地面上挖一个大坑，坑离地面大约有50~80厘米，坑上周围还有高起的矮墙，既可以抬高屋顶的高度，又可以防止雨水灌入。

这些屋基部都有台阶通往地面，穴内四周还有木柱排列构成支撑屋顶的防护墙，屋中间有四根大柱构成支架支撑屋顶，这是当时构筑比较完整的半穴居房屋。随着生产力的不断发展，人们逐渐脱离地下，升到了地面，增加了墙壁，改进了柱子和梁架结构，构建了完整的地面房屋建筑。如今，在我国的西北地区黄土高原的土坡上，还可以见到那种半穴居式的窑洞，不过这种窑洞已不再是古代那种简陋的洞穴，而是人们方便地利用土地资源构建的房屋，它有门有窗，有的还装潢得十分华丽。除结构上的不同外，在使用上，与砖瓦结构的房屋没有多大区别。

成语"登堂入室"比喻在学问或技艺上有一定的造诣。成语中所说的"堂"和"室"是古代建筑中的一个重要的组成部分，是人们居住的主体建筑。在古代，建筑一般是坐北朝南，从大门走过庭院，才能来到居住的主体建筑前。这座建筑是由堂、室、房构成的建筑物。一般筑在高台上（即比平地要高出几个台阶），堂位于建筑最前部的中央，在堂前有左右阶梯各一，称为东阶、西阶。登上台阶进入殿堂谓之"登堂"。

堂前没有门，也没有墙壁，只有两根大楹柱屹立在堂前，古代把这叫作东楹、西楹。在堂的东西面有两堵墙，叫作东序、西序。登上殿堂，一般迎面可以看到大堂里靠北竖立着一面大屏风，或挂着一幅大"中堂"（即挂在堂屋正中的大幅字画）。屏风或中堂后面便是室。堂内一般不住人，主要是主人平时举行活动、接待宾客和行吉凶大礼、祭祀的场所。

室在堂的后面（即北面），是供人居住寝卧的房间，有户（即房门）与堂相通。除了"堂"与"室"外，居室还称作"房"。成语"穿房入户"中的房就是指的内室。其实，古代的"房"与"室"的含义是不同的。室是专指卧室，应该位于大堂后面的正中位置，是主人居住的地方。房则在堂屋的东西两侧，也叫东厢房、西厢房。段玉裁在解释堂、室、房时说："凡堂之内，中为正室，左右为房，所谓东房、西房也。""房"一般是由儿女或其他家人居住。未嫁女子住在内室，因而内室又叫闺房，成语"大家闺秀""待字闺中"的"闺"就是特指女子的住室，即闺房。

第五章　制度文化类汉语词汇研究

　　古代的堂、室、房还有一种结构形式,就是有前后庭院和两侧走廊将堂、室、房相连。占地面积比较大的人家有前后两个庭院。进大门后先经过前庭院"登堂",穿过大堂,经由后庭院才能"入室"。有的人家的走廊或从两侧,或从中间,将堂与室连通。古代的室除前门外,有的还有侧门,也叫旁门,与左右两侧的走廊相通。

　　古代对于堂、室、房、户的习惯称呼流传了几千年。如今,堂和室仍沿袭使用着古代的习俗。许多地方仍把堂、屋、客厅称为"堂",而内室、卧室则称为"室"。我们现在还是要先"登堂"才能"入室",这就是中国式居室的特点。

　　成语"朱门绣户"是指朱漆的大门,华丽的居室,代指富贵人家。门是供人进出和通风采光的设施,古代把住宅区域及宫城的门都称之为"门"。在堂室之内,双扇为门,单扇为户。最早的门大多是双扇的板门,像宫廷的大门、住宅的院门。这种门一般都比较大,贵族人家大多用红漆涂刷,而贫苦人家只有简单的白坯木门。后来板门又逐渐发展为格子门,这种格子门类似窗棂,在宫殿厅堂、民居宅邸、官衙府第等处都有这种门,有两扇、四扇、六扇对开的。门除作为房屋的通道之外,还成为古代帝王礼制的象征。礼制规定,帝王遇有重大国事,要在库门之外、皋门之内朝见群臣,以征询大臣、万民的意见,这称之为"外朝"。而平时在路门之内上朝听政,叫"内朝"。皇帝颁布的有关国家法令政事的文告则要悬挂在库门两旁,供臣民阅览。

　　有条成语叫"门庭若市",是指大门口和庭院里热闹得像集市一样,形容来者众多。门和庭是汉代宫廷、民居建筑的特色之一。一般有钱人家的住房都有用围墙围起来的院落,院落通向外面的大门就叫作"门",进入大门后的院落称为"庭",这是古代院落式的建筑结构。"门"和"庭"是古代房屋的主要部分,一般的人家大多有门、庭、堂、室。从大门进去,首先进入的是庭院。庭院大多比较大,南北的长度大约有堂深度的三倍之多。在高官贵族人家的庭院内,除了要种植一些槐树,建一些碑外,大多作为停放车辆的地方。庭院还是客人临时停留的地方。主人在招待宾客或接见客人时,来人比较少,宾客尊者都可以上堂,而随从卑者只能留在庭院中。如果来人较多,那么只有尊者可以进入大堂,其余人等只能在庭院中等候。

　　从庭院穿过大堂,就来到了内室。内室的门一般都是单扇门,古代专把内室的单扇门称作"户",因而"户"是进入内室的通道。成语"穿房入户"指在人家内室的房门进进出出,形容和主人的关系十分密切。成语"足不出户"指整天不出房门一步,形容闭门自守。这两条成语中的"户"就是指内室的门,现代叫作房门。古代的内室是主人的卧室,家中的女眷一般都在内室,因此,一般外人是不能进去的。古代未婚的女子住在闺房,闺房是在内室的左右两侧。女子只能在家中闺房内活动,整天都是"足不出户"。

成语"雕梁画栋"是指用彩画装饰的梁栋,形容建筑物富丽堂皇。"雕梁画栋"是中国古代建筑的一大特色。古代的宫殿、贵族官宦之家,大多在房屋的墙壁和梁柱上涂上彩画,使这些建筑物显得金碧辉煌,气派宏大,以象征他们的权势和地位。建筑物的彩画大约在战国时就已经出现,随后在各个朝代都有不同的变化。汉代以云气、仙灵、动植物为多,六朝时流行莲瓣,唐宋则多用几何图案和植物花纹。

古代房屋建筑的彩画很注重色彩的使用,由于赤色一般象征喜气和富有,所以一般宫墙多用红色,宫殿的柱、门、墙也是用朱色。隋代以后,由于黄色象征帝王的意义日趋明显,因此,黄色又成为宫廷建筑物上的主色调。红色即可用在王府或官邸的墙柱上。一般平民百姓的房屋,只能用黑色作画,我们现在也还能见到一些古老的普通民居只有白和黑两种颜色。

建筑物上的彩画主要用油漆和涂料涂刷,从实用性来讲,主要是保护木材和墙壁,以防风蚀虫蛀,使之经久耐用。从美观方面讲,这些彩画使房屋显得明亮耐看。彩画的图案不外山水人物、花鸟虫鱼等等。但不同建筑物上的彩画很有讲究。皇宫建筑中的装饰彩画,大多是龙凤呈祥、双龙戏珠等,这类图案官宦人家是不能使用的,因为龙凤图案是皇帝的专用品,是权力的象征。一些贵族官宦人家房屋的彩画,描绘各种山水人物、花鸟虫鱼以及各种故事的图画。普通百姓家,只是一些黑白相间的简单装饰图案。

成语"窗明几净"是指明亮的窗子、洁净的小桌子。窗子是房屋建筑上通风采光的设施,是房屋的眼睛,"几"是指的一种矮小的桌子,是古代坐时凭依的器具。

古代窗的样式、图案非常美观,一般都是用木棋条构筑成的不同式样的木栏,有斜方格、直极、网纹、十字交叉、锁纹、龟锦纹、球纹、三角纹、古钱纹等样式。安装在厅堂前檐的叫格扇窗,一般有四扇或六扇的,与门连在一起。开在墙壁上的固定窗叫花窗,是用木栏嵌格,再糊上花纸或夹纱。内室在墙壁上的花窗起初是不能开的,后来逐渐改为开关的窗子。

"几"在古代是主要的家用器具。在先秦时期没有桌子,人们席地而坐,"几"作为一种小桌子,为人们饮食、读书等活动提供了方便。"几"的形制有好多种,从商代至秦汉大致有平面几、弧形几、H形几和曲形几4种。平面几的几面平整,呈长方形,古代常用来置放文书和杂物,其用途与案相同,又称"几案";弧形几的几面是中间宽,两头窄,几面中部向下微凹形成一个弧面;H形几是用3块木板组成,几面两端有榫头分别嵌入两端的立板中间,成H形状;曲形几的几面呈半月形。

几的高度不高,与现代北方的炕桌差不多。一家人的活动都在几上进行,如招待宾客、进行宴饮、平时起坐时的倚凭等。古代用几也有许多规矩。在正式的礼仪、宴饮等活动时,在几前必须坐正,除了老人外,一般都不能倚几,倚几是懒散不严肃的表现。从先秦到秦汉,几的使用非常普遍,上至王公大臣,下至平民百姓都要用到几。三国以后,由于桌椅的出现,几的形制就有了较大变化,唐宋时期还出现了高脚几。

成语"床上叠床"指在床上再放上一张床,比喻重复多余的事。在现代,床是人们睡觉用的家具,但它在我国起源较早,其用途功能也是经过漫长的发展而定型。从仰韶文化半坡遗址房屋中,有高出室内地面的土台,这就是床的雏形。据先秦典籍记载,我国的床最早在殷商时期就已产生,到战国时期基本定型。古代的床并不高,大约在20~40厘米之间。战国时床的制作已比较复杂,如用木板制作的围床,在床身上安有床栏。床栏是用木条、竹片做成方格形,转角处还用曲尺形铜角加固床栏。有一种折叠式的围床,设计合理,工艺精湛,说明我国战国时期的制床技术就已相当成熟。汉代以后的床已成为规格较高的家具,有平台床、带幄帐的床、围床、栏杆床、架子床、屏风床、屋床、罗汉床、竹床等许多种。床在古代不仅是人们睡觉的卧具,还是一种多功能的家具,古人在床上办公、会客、宴饮、讲学、授徒,因此,古代的床是家居中主要的家具。

除了上述一些功能外,床在古代还有另外一种特殊的用途。在先秦时期,人们坐卧均在席上,床并不常作睡眠的家具,而在丧葬过程中却常要用到床。古代的丧葬习俗通常是在人因病或衰老将死时,就先撤去席,用床板架设临时的床,将病人或老人放到床上,据说这样可以让人平安升天。这种习俗在许多古籍中都有记载。虽然后人最终把床作为睡眠的用具,可这种习俗仍然流传了下来,至今许多地方还保留着这一习俗。

成语"高枕无忧"比喻太平无事,不必担忧,有时也暗喻麻痹大意,放松警惕,盲目乐观。枕头作为睡觉的用具,与人结下了不解之缘,人有三分之一的时间要与枕头做"伴侣",而有一个舒适的枕头,会使人睡得更好,睡得更香,这对人的身体是非常有益的。

有关枕头在古代还有许多文化习俗。人们将枕头做成各种形状,如虎、豹、熊、兔、象、牛等动物,又如孩童、卧婴、妇女等人物形象以及各种神怪,还在枕头上画了各种各样的装饰图案,古人认为枕了这种枕头可以避邪驱魔。虎枕是民间常用的枕头,主要给小孩枕睡。古人认为孩子睡虎枕,今后孩子会长得虎虎有生气。这与民间给孩子穿虎头鞋、戴虎头帽的含义是一样的。

二、成语中的出行

在古代,人们出行一般都以步行为主,这是因为古代车辆大多为贵族所有,一般平民百姓是没有车的,因此,大多数人只能"安步当车"。步行有步行的要求,乘车也有乘车的规矩,这就是古代的礼制。因而,步行就应该"绳趋尺步",乘车就不能"轻车简从",这些古代出行的礼仪和习俗在许多成语中都有反映,像"缓步当车""昼夜兼行""鱼贯而行""寸步难行""奔走相告""走马观花""乘车戴笠"等。

成语"安步当车""缓步当车"都是表示安然自在地步行,犹如坐车一样舒服,形容散步慢走的乐趣。"安步"即慢慢地步行,这是古人对"步"的规定。其实,我国古代对于步行是有许多规矩的,这中间包含有相当丰富的礼仪和习俗。在汉代,行走的动作有"行""步""趋""走""奔""时"等说法。"两脚进曰行"(《释名》)古人把两脚正常地向前走叫做"行",也就是我们今天所说的走,如成语"昼夜兼行""鱼贯而行""寸步难行"中的"行"就是指走路的意思。"徐行曰步。"(《释名》)走路有快有慢,慢慢地行走,古代称之为"步",就如现在的漫步、踱步、散步。成语"寸步难移"就用来形容走路困难。"疾行曰趋。"(《释名》)快速地行走叫作"趋",这个"趋"就是指小步快走、碎步快走的意思。成语"绳趋尺步"就是指走路的快慢要符合规矩,比喻举止合乎法度,其中的"趋"指快走,"步"指慢行。

第五章　制度文化类汉语词汇研究

"疾趋曰走"(《释名》)飞快地行走称之为"走"。"走"比"趋"的速度要快,就如我们现在所说的跑步或小跑步的动作一样。成语"飞沙走石"中的"走"指的是飞扬的沙土和滚动的石头,其中"走"就是"飞快滚动"的意思。对于"奔",古人是这样解释的:"奔,变也,有急变奔赴之也。"(《释名》)这是把"奔"描述为有紧急情况时急速奔跑的样子。成语"奔走相告"指奔跑着互相转告,其中的"奔"就是急速地奔跑。古人还把来回踱步、徘徊不前称为"时","时"是"跱"(chi)的假借字。

古人对在不同时间、不同地点,对不同对象的走路动作作了不同的规定。在室内走路要"时",因为室内地方狭窄,不能一往而不返,只能来回往复地走动;在大堂上下走路可以"步"或"行";而在门外走路则可以"趋";在开阔地带就可以"奔"。在室内走路时除了不能快外,双臂也不能摆动得太大,手拿着物品走路不准快。古人规定"趋"是对人表示尊敬的走路动作,这里指的是小步快走。在君王面前要"趋",与先生路遇要"趋",在长者面前要"趋",这种做法在现在仍然沿用,见了客人总要快步上前与其握手问候或打招呼,那种慢慢地、大摇大摆地走的动作,会引起对方的反感。古代还规定一般的百姓走路不能走在道路的中间,去凭吊死者时走路不能摆动双臂。这些都是古代行走的礼俗,虽然普通老百姓未必完全按这些规矩去做,但作为一个读书人,一个有地位的人,却往往会以这些规矩来要求自己。

成语"轻车简从"是指外出时乘简易的车,行装简单,随从不多。作代步工具的车是经过长期的生产实践而形成的。古人从用滚木运石头受到启发而制成了车。在古代,车除了用于打仗和运输外,主要供人们出行时乘坐。一般的平民百姓出行以步行为主,而有一定身份的人出行则必须乘车,因而乘车也就成了富贵的象征。成语"乘车戴笠"中的"乘车"就是代指富贵。春秋时期,达官贵人、王公大臣家中都有车乘,因而《周礼》对乘车作了许多具体的规定:乘车时除老人妇人外,必须站立在车上,乘车者路遇老人要行"式"礼,这种式礼是指双手扶住车前部的横木"轼",同时微微俯身施礼;经过卿以上官员门口或路遇尊者长者时,均要下车;进入人多的街道不能飞奔疾驰。对不同身份、不同场合应乘坐什么样的车也有详细规定:周朝天子有五种车,分别用于祭祀、礼宾、视朝、作战和打猎。

天子乘的车要用六驾马,诸侯用四驾,卿大夫用三驾,士只能用二驾,而一般庶人只准一驾马驾车。车上还装有遮阳避雨用的伞盖,伞盖越大、越高,则表示官位越高。成语"驷马高车"指的就是为显贵所乘的驾四匹马的高盖车。车乘也代表了权贵与官职,达官贵人外出必须乘车。礼制规定,不同品级的人应乘不同等级的车,乘车的等级绝不能逾越,该乘车的人不能不乘,不乘即不合礼制。东汉巨鹿太守谢金吾就因为"轻车简从",只坐柴车,带两名仆人,去属地促春耕,因而受到降职处分。因此,一些隐士便把"安步当车"作为一件乐事,宁愿"安步"也不愿乘车。

　　成语"走马观花"指的是骑在奔跑得马上看花,形容事情如意,心情愉快。马是古代代步的工具之一。人们出行,特别是远行,马是重要的交通工具。在先秦时期,骑马只是"胡人"即西北少数民族的习俗,汉族只是用马来拉车,不单骑马。人们把乘车作为正规的礼仪,视骑马为弊习异俗。赵武灵王曾首推"胡服骑射",也只是一时的行为。在他以后的相当长的历史时期中,人们仍以乘车为习。骑马到唐代才成为大众化的习俗。《新唐书·车服志》中记载了唐代礼制的规定,出行时以骑马代乘车,车子均封在太仆寺,除非祭封大典,平时不准使用。后来,唐玄宗在祭祀时带头不乘车,从此后,连各种大典也都以骑马代乘车了,骑马也就成为一种时尚和习俗。

第三节　汉语称谓词的文化透视

一、亲属称谓与宗族观念

(一) 父系母系之分

　　父系与母系的分别在于将所有亲属划分成宗亲和非宗亲。所有宗亲拥有同样的姓氏,而女性亲属及其后代、母系亲属和姻亲都是外姓,因而是外亲。在称谓上相应地加以区分:父系的兄弟姐妹修饰以"堂",

如堂兄、堂弟、堂叔、堂婶;母系的兄弟姐妹修饰以"表",表兄、表弟,表叔、表婶。"堂",是屋舍建筑中家族聚集之处,自然关系紧密;"表"本是室外之意,关系就疏远一些了。其他如兄弟之子为"侄",姐妹之子为"外甥";儿子之子为"孙",女儿之子为"外孙";父亲的兄妹为"伯""姑",母亲的兄妹为"舅""姨",都体现了区别父系母系、突出父系的意图。

(二)血亲、姻亲之分

血亲是有血缘关系的亲族,包括父系和母系亲属,如叔、伯、姑、姨、舅、堂兄弟姐妹、表兄弟姐妹。姻亲是指因婚姻关系而结成的亲属,包括夫系亲属和妻系亲属,如嫂子、姑父、婶婶、小叔、小姑、姐夫、舅母、小舅子、小姨子。加以区分既是为了强调血缘关系的重要,不至于因称谓而混淆血缘,又扩大了亲属队伍的阵营。

总之,严格而复杂的亲属称谓,编织成了一张巨大的宗族关系网,网中人"一荣俱荣,一损俱损""一人得道,鸡犬升天";甚至一人犯罪、株连九族,都须按亲属称谓的规定来分别对待,这种制度的重要性由此可见一斑。现代社会虽然这种观念已越来越淡薄,但对关系亲疏的心理感受还是不可低估的。

二、亲属称谓与文化习俗

(一)亲属称谓和古老习俗

汉语亲属称谓是一种文化的产物,因此从中也可透视出一些传统的文化现象。比如,古老的婚姻制度和婚姻习俗。郑玄《礼记·经解注》云:"婿曰婚,妻曰姻。"孔颖达在《礼记·婚义疏》中补充说:"……此据男女之身,婿则昏时而迎,妇则因而随之,古云婿曰婚,妻曰姻。"原来上古时期,婚姻一词是用来称呼夫妻的。男子为什么在昏时迎娶妻子呢?据学者推断,可能是源于上古时期的掠夺婚的习俗,用掠夺的方式强娶女子为妻,自然在黑夜昏暗之时进行最易得手,故称男子为"昏"。这种习俗到了后世便演变为夜间迎娶的习惯。这在《礼记·曾子问》中可得到佐证："孔子曰：'嫁女之家三夜不熄烛，思相离也；娶妇之家三日不举乐，思嗣亲也。'"这里仍然透露了古代掠夺婚姻的某种信息。

又比如亲属称谓还反映出古代表兄妹之间通婚的倾向。试看《尔雅》和《礼记》中所记录的某些称谓的含义：

舅：（1）指母之兄弟；（2）指夫之父亲；（3）指妻之父亲；

姑：（1）指父之姐妹；（2）指夫之母亲；（3）指妻之母；

甥：（1）指父之姐妹之子；（2）指母之兄弟之子；（3）指妻之兄弟；（4）指姐妹之夫舅、姑、甥。

现代称谓只保留了（1）的义项。但我们从舅、姑称谓的（2）（3）两种意义中可以发现旧时表兄妹通婚的习俗，即丈夫的父亲也可以称为"舅"，丈夫的母亲也可以称为"姑"。《礼记·内侧》中说："妇事舅姑（公婆）如事父母。"当丈夫是自己的表哥时，才有可能称其父母为舅姑。这种称谓甚至保持到汉代。而"甥"这个称谓的（3）（4）义项甚至表明双向地与姐妹互换婚姻相结合的表兄妹通婚习俗也存在过，因为妻子的兄弟同时也是自己姐妹的丈夫。作为一种个别现象，姐妹通婚的习俗也曾经存在过。"姨"这个称谓也可以说是一个例证。在汉语中，"姨"既指母亲的姐妹，也可指父亲的妾。《红楼梦》中贾环、探春的母亲被称为"赵姨娘"，现代还有称某人小妾为"姨太太"的。现代社会虽然取消了一夫多妻制，但这种婚俗至今在某些落后地区仍然保留着一些痕迹。[①]

（二）亲属称谓中的文化词语

汉语中的亲属称谓虽然复杂，但多数与其他民族语言还是可以对译的。不过也有不少亲属称谓的代称，极具汉民族的思维特色，有独特的文化蕴含。这里试以父母的称谓词为例进行说明。

先说母亲的代称。古人常以"萱堂"或"堂萱"代称母亲。萱，它的花蕾即是现在用以食用的金针菜，古人认为这是一种"忘忧之草"《诗经·卫风·伯兮》："焉得萱草，言树之背。""背"指的是北堂，也就是母亲所居住的地方，所以后世就以"萱堂"为母亲的代称。

"椿庭"是古时常用的父亲的代称。《庄子》说："上古有大椿者，以八千岁为春，八千岁为秋。"故而"椿"或"椿年"喻指长寿之人；另外，

---

① 王国安，王小曼.汉语词语的文化透视[M].上海：汉语大词典出版社，2003.

第五章 制度文化类汉语词汇研究

《论语·季氏》载孔子的儿子孔鲤见父亲站在堂前,就"趋而过庭",于是后世就将"椿""庭"联合,借指父亲。

类似用作亲属称谓的文化词语还有不少。例如:

严:代指父亲。汉民族一向有"母慈父严"之说,《晋书·夏侯湛传》:"纳诲于严父慈母。"故而古人常称父亲为"严"或"严君""严亲""家严"等。

慈:代指母亲。在向他人提及时又称"家慈",母亲去世了,称"先慈"。王安石《寄江阴二妹》:"庶云留汝车,慰我堂上慈。"

荆:代指妻子。这在旧时是极为常见的。"拙荆""寒荆""山荆""贱荆""荆妻""荆人"等在旧诗文中时时可见。《聊斋·公孙大娘》"俱各无恙,但荆人物故(指去世)矣"、《红楼梦》"因贱荆去世"皆是。以"荆"代指妻子,源于东汉梁鸿、孟光的故事:学者梁鸿很贫穷,妻孟光十分贤惠,"荆钗布裙"、举案齐眉。后世因此以"荆"来代指妻子。(荆,植物名,枝条坚韧,可制作女子簪、钗之类装饰物。)

怙恃:代指父母亲。《诗经·小雅》曰:"无父何怙,无母何恃。"怙恃,都有依靠之意。后世"失怙"即指父亲去世;"失恃"即指母亲去世。

堂室:代指母亲和妻子。因古时母亲居住在堂,妻子居住在室,故称。晋陈机《赴洛诗》:"感物恋堂室。"

唐吕良注:"堂谓母,室谓妻。"

梁章绝说:"今之人称人母者,或曰堂上,或曰令堂,皆本此。"

另外还有些常用于称呼亲属时的敬辞也很有民族文化的特色,如"尊"和"令",称对方亲属时常用,如"尊公""尊翁""尊君"(皆指父),"尊慈"(指母),"尊正"(指妻)、"尊嫂""尊兄""令尊""令堂""令姐""令郎""令媛"等,显示出中国人在人际交往中尊敬对方兼及对方亲属的文化心理。

三、非亲属称谓语的文化特征

非亲属称谓的范围也比较广,包括姓名、人称、自称、职事称等,兹不一一举例。这里我们主要谈谈人际称呼的一些文化特点。

(一) 卑己而尊人

汉语的称谓语中有大量的敬词和谦词。《礼记·礼运》:"夫礼者,卑己而尊人。"在古代儒家看来,于人"尊",于己"卑",这乃是"礼"之所在。在汉民族漫长的历史上,人际交往中始终大量使用的尊称和谦称,正反映出这种观念的影响。古时常用的称人、称己的敬谦词如:

  自谦称谓:仆、愚、鄙人、不才、在下、贱子、贱妾、奴
  尊人称谓:君、公、尊驾、长者、足下、阁下

其中有些像"尊驾""阁下""鄙人""在下""不才"等,至今仍在现代汉语中使用。

在尊人称谓中,"老"一词所表示的敬意,也很有民族特色。长期处于封建宗族制度的统治下的中国人,形成了尊老、敬老的文化传统。早在《周礼》中就有"乡老"一词,汉郑玄注曰:"老,尊称也。"孟子所说的"老吾老以及人之老",第一个"老"也即为敬辞。可以说敬称某人为某老,是汉语尊敬长者的习惯用法,有着相当长的历史。据《唐诗纪事》所载,唐伶人曾作《回波辞》嘲笑唐中宗李显和御史裴谈都惧内(怕老婆):

  回波尔时楮楮,怕妇亦是大好。外边只有裴谈,内里无如李老。

歌词虽有嘲谐玩笑之意,但称皇帝为"李老",显然仍是在表不尊而敬之。

现代汉语中更是常用"某老"以示敬意,"某"字通常用姓,"老"随其后,如"张老""钱老"等,但也颇多变化,试以几位现代名人的敬称为例:

  赵朴初:曾任佛教学会会长,人们称之"朴老";
  陈望道:语言学家,曾任复旦大学校长,人们称之"望老";
  周瘦鹃:著名作家、园艺学家,人们称之"周瘦老";
  胡愈之:著名文化人士,人称"胡愈老";

第五章　制度文化类汉语词汇研究

郑也夫先生曾说:"'老'字在中国语言中一向充满了褒义,教师被称为'老师',经理被叫作'老板',经验丰富的人名之曰'老手',……中国真是个崇拜老者的民族。"(《礼语·咒词·官腔·黑话——语言社会学丛谈》)至于现代人称中的"老张""老李"等,一开始也是出于尊敬,但由于用得太普遍,尊敬的意味就日益淡薄,含"敬"的量较之"张老""李老"要轻得多了。

(二)职事称谓的流行

职事称谓就是根据对方的职位身份来称呼对方,这在中国有着极其长久的历史。以职事(当然是比较重要的职位)称对方,这实际上也是一种"尊人"的文化心理的表现。古人称呼对方一般不直呼其名,而是称字号、称地望以及称职位,以示敬重。唐宋的一些著名文人称地望、称官职的如下:

称地望的如:

孟浩然:襄阳人,世称孟襄阳,其诗歌集就叫《孟襄阳集》。
柳宗元:河东人,世称柳河东。其诗文集就叫《柳河东集》。
王安石:临川人,世称王临川。其诗文集就叫《王临川集》。

称官职的如:

王维:曾官尚书右丞,故人称王右丞。其诗集也叫《王右丞集》。
杜甫:曾官检校工部员外郎,故世称杜工部。其诗集叫《杜工部集》。
高适:曾官散骑常侍,故世称高常侍。其诗集叫《高常侍集》。

现代社会,随着宗族社会体制的解体和姓名习惯的改变,人际关系中称字、称地望已经极为罕见,但职事称呼的习惯依然极为流行。

中华人民共和国成立以后,一度强调职业不分高低、地位不分贵贱,人人都是人民勤务员的平等观念,后缀词"员"十分流行:邮递员、保育员、炊事员、售票员、理发员、研究员、教员、演员、职员、飞行员、指挥员等新词语纷纷涌现出来。

然而,传统的习惯很快就卷土重来,李书记、赵局长、曹处长等的官称又自然蔓延。改革开放以来,职事称谓更为普遍:宋经理、周老板、张教授、朱校长……,某一职务只要稍具价值,即会被人们用作称呼。更有趣的是,在相互称呼或介绍时,即使对方是副职如副局长、副教授之类,往往会故意舍去"副"字,这倒不仅仅出于奉承讨好,而是有着更深刻的传统文化心理。

(三)称谓的社会环境变异

称谓是一种社会现象,因此也常常随着社会的发展或环境的变化而改变其内在意义。试以人们经常谈到的"同志"和"小姐"两词为例。

在古汉语中"同志"本为"志同道合"之意,并不是一个词语,所谓"同德则同心,同心则同志"(《国语·晋语》)。又有"同师曰朋,同志曰友"(《周礼·地官·大司徒》郑玄注)之说。至近代国民革命时期,"同志"一词成为革命阵营内部的战友的专称。孙中山先生的《遗嘱》曾以"革命尚未成功,同志仍须努力"的名言,昭于人世。

新中国成立以后,"同志"的使用范围迅速扩大,变成中国人际交往最常用的一个称谓:开始时用来表示是同一革命队伍中人,继而又泛化为一般的人际称呼。改革开放的浪潮洗刷了人们的观念,人们不再以阶级来划分人际关系,"同志"的称谓在不知不觉中被"先生""女士""小姐",以及许多职事称谓如"经理""校长""局长"乃至"老板"等所取代,这一变化正显示出新时代改变所谓"阶级斗争"的理论,以经济发展为核心的时代特征。

"小姐"称谓的使用变化也颇为有趣。小姐本是人名用词,指姐妹排行在末位的女孩。由此又引申为女性贱者之称,赵翼《陔余丛考》说:"今南方缙绅家女多称小姐,在宋时则闺阁女称小娘子,而小姐乃贱者之称耳。"并举出不少宋代称宫婢和娼妓为小姐之例。从元代的文献中可见又变成富贵官宦人家少女之称,著名的杂剧《西厢记》开头老夫人介绍家庭情况云:"老身姓郑,……只生得个小姐,小字莺莺。"

五四前后,封建等级意识衰微,又扩大范围用作年轻未婚女子美称。新中国成立以后,"小姐"的称呼在日常生活中几近消失。直至改革开放后才重新活跃,"空中小姐""礼仪小姐""公关小姐""导游小姐""售房小姐"广泛地用于穿着打扮入时的年轻女子。近几年,由于一些从事色情服务的青年女子出现,在某些场合又转为贬义如"三陪小姐"之类,指那些靠色情谋生的年轻女子。但大多数环境下还是表示对年轻女子的尊重。从"同志""小姐"两个词语的沉浮演变,也可以清楚地看出社会环境对称谓语用的深刻影响。

第四节 汉语禁忌词的文化制约

一、汉语禁忌种种

陈北郊先生的《汉语语讳学》将汉语的语言禁忌分为两大类:泛讳和特讳。泛讳,即"大众之讳,因为它包括的内容及其使用的范围比较广泛,所以称为泛讳"。特讳,即"个人之讳,主要是指个人名讳,因为它为封建帝王或为某个别人所特有,所以称为特讳"。曲彦斌先生提出按内容分类可分为名讳和事物讳;从发生学的角度分类可分为"避凶就吉""避恶就善""避俗就雅""避卑树尊""避通防知"五类(《民俗语言学》)。为叙述方便,我们这里根据汉语语言禁忌本身的内容分为:人名禁忌、物名禁忌、凶祸词语禁忌和耻恶词语禁忌四类。

(一)人名禁忌

人名禁忌是在封建专制与封建礼教制度的影响下形成的。封建帝王和家族长辈的名讳不可触犯,无论是书面还是口头,都应回避或用其他对代字来替代。其中尤以帝王名讳更为严格,其对代词也大都是固定的。例如:

改"楚"为"荆":秦朝避秦始皇父子楚的名字,古代典籍中有称楚国为荆国者即源于此。

改"雉"为"鸡":汉高祖刘邦妻名吕雉,为避"雉"字讳,"野雉"被改为"野鸡"。

改"启"为"惊"：汉景帝名刘启，汉代避"启"字讳，将节令"启蛰"改为"惊蛰"。

改"恒"为"常"：汉朝避汉文帝刘恒讳，把传说中月宫里的"恒娥"，改名为"常娥"。宋朝宋真宗名赵恒，避"恒"字讳，把"恒山"改为"常山"。

改"昭"为"明"：晋代避晋文帝司马昭讳，将汉代出嫁匈奴的王昭君改名为王明君。汉人制作的《昭君曲》被改为《明君曲》。后世一直有沿用的，如宋代欧阳修、王安石都写有《明妃曲》。

改"民"为"户"：唐太宗李世民，为避"民"讳，将"民部尚书"一职改为"户部尚书"。

此外，甚至有因避讳而对动物名称、前朝的年号随意改变的。如清乾隆帝名弘历，改明代的年号"弘治"为"宏治"，改《时宪历》为《时宪书》。

人名讳除讳帝王之名外，还有官讳和家讳。官讳是权势的产物，一些封建官僚不准辖区内的人提他的名讳，或是下级以避其名讳来讨好上级。家讳即避忌家族中尊长的名讳。汉代司马迁撰《史记》，因其父名"谈"，所以将书中的"赵谈""李谈""张孟谈"分别改为"赵同""李同""张孟同"。不过，官讳毕竟没有得到礼法的承认，"诌者献佞以为忠，忌讳繁名实乱，而春秋之法不行矣"（《齐东野语》卷四），碰到一些刚直不佞之士，也只得无可奈何。家讳则局限于家族之内，古人虽提倡"及入人家，皆先问其祖父讳，然后接谈，冀无犯讳"（《草木子》明叶子奇），但外人避不避，也难以勉强，更无权因此更改书籍名物，比起帝王之讳，对汉语的影响要小得多。

（二）物名禁忌

物名主要指动物名和器物名。动物名的禁忌，颇有原始图腾崇拜的痕迹。图腾文化早期，人们把图腾动物当作血缘亲属，并用血缘称谓称呼它。后世人虽已不再如此，但仍忌讳直呼其名，其俗至今在中国某些少数民族地区仍然保存着。如畲族祖先曾以狗为图腾，至今尚忌呼

第五章 制度文化类汉语词汇研究

"狗""家狗""家狗骨"等名称禁止出口。东北鄂伦春人称熊为"老爷子",熊被打死,也不能说死,而要说"布土恰"或"阿帕恰",即汉语"成了""睡了"之意。

当然,动物名讳不全是图腾崇拜的影响,尤其在汉语地区,主要还是出于迷信思想,怕一旦犯了动物名讳,便会招致灾祸。比如狐狸,过去安徽一带的人就忌称其名,而称"仙姑""大仙",怕的是狐狸作祟。旧时养蚕人家禁忌尤多,称"蚕"为"宝宝"或"姑娘";蚕爬说成蚕"行";喂蚕要说成"撒叶子",不能说"喂";蚕长大要说"高",不能说"长"。尤忌说"伸",因蚕死才是伸直的。否则,会给养蚕人家带来损害。常见的动物名讳还有:

虎——大虫、山神爷、山猫、山君。《水浒传》:"风过后,向那松树背后奔雷也似吼一声,扑地跳出一只吊睛白额锦毛大虫来。"

蛇——小龙、长虫。孙犁《邢兰》:"这个人,确实是三十三岁,三月里生日,属小龙。"

黄鼠狼——黄大爷。

布谷鸟——阿哥。《中华全国风俗志·安徽》:"有鸟曰布谷,自呼其名,农民呼之:'阿哥',多焚香祝之。"谚曰:"阿哥唤,犁耙上岸;阿哥呼,犁耙出土。"

(三)凶祸词语禁忌

人类自古以来就有趋吉避凶的心理,中国民间一向也有"说凶得凶,说祸得祸"的迷信说法,故而平时非常注意不让不吉的字眼出口。历代封建统治者也将凶祸词语的讳忌看得很重。六朝时宋明帝就规定"言语文书有祸、败、凶、恶及疑似之言,应回避者数千百品"(《宋书·明帝纪》)。元朝统治者更是规定过表文中"触忌讳者凡一百六十七字":

极、尽、归、化、亡、播、晏、徂、哀、奄、昧、驾、遐、仙、死、病、苦、没、泯、灭、凶、祸、倾、颓、毁、偃、仆、坏、破、晦、刑、伤、孤、坠、寰、服、布、孝、短、夭、折、哭、困、危、乱、暴、虐、昏、迷、愚、老、迈、改、替、败、废、寝、杀、绝、忌、忧、患、衰、曰、枉、弃、丧、戾、空、陷、厄、艰、忽、除、扫、撰、缺、落、典、宪、奔、法、崩、摧、殄、陨、墓、槁、出、祭、奠、飨、享、鬼、狂、藏、怪、渐、愁、薨、幻、弊、疾、迁、尘、亢、蒙、隔、离、玄、辞、追、考、板、荡、荒、古、速、师、剥、革、瞑、违、尸、叛、散、惨、怨、剋、反、逆、害、戕、残、偏、枯、眇、灵、幽、沉、埋、挽、升、退、换、移、暗、了、休、罢、覆、吊、断、收、诛、厌、讳、恒、罪、辜、怼、士、别、逝、泉、陵、切

这些字大都同死亡、疾病、丧葬、伤残、刑罚、悲哀、离散有关，为人们所厌恶。在凶祸语中，人们最忌讳的自然是"死"字。故而一个"死"字，在中国有上百个对代词，而且根据死者地位不同而变化。例如：

　　帝王之死：用晏驾、登遐、弃天下、山陵崩、薨等。
　　常人之死：用物故、弃世、谢宾客、入黄泉、捐馆舍等。
　　佛教徒之死：用圆寂、归寂、坐化、涅槃等。
　　道教徒之死：用羽化、鹤化等。

民间流行得比较通俗的"死"的对代词还有：长眠、归天、去世、永别、百年、寿终、牺牲、夭折、安息、谢世、作古、去了、老了、回老家、不在了、与世长辞等。此外，与死有关的物事，也属禁讳之列，而出现了一些替代的词：

　　寿材：指棺材。
　　寿衣：指死者穿的衣服。
　　喜像：死者的遗像。
　　金井：指坟墓。同类词还有"幽宫"。

疾病也是一种不幸，所以古今都有人避讳。"昔者有王命，有采薪之忧，不能造朝"。(《孟子·公孙丑》下)"采薪之忧"就是讳称疾病的婉言。现代汉语不再说"采薪之忧"了，而改称"欠安""不适""不太舒服"等。

（四）耻恶词语禁忌

如果说凶祸语词禁忌是出于人们趋吉避凶的心理,那么耻恶语则是出于"避俗求雅"的语言目的。耻恶词语讳大致可分为两类：一是避羞耻语讳,一是避粗俗语讳。但其实,无论是"羞耻"之词还是"粗俗"之词,都是人们的心理感受。

词语在造词之初应该是没有雅俗之分的,只是随着社会生活、文化意识和使用习惯的介入,渐渐产生了人们主观上的雅俗之别。

羞耻词语也可称私隐词,是指有关人体私处,以及有关性、性交和排泄的词。这类词因为已有专用,所以在人们日常口语中尽可能回避使用与之同音或谐音的词,实在无法回避,就用一些文雅,隐晦的词语替代：

  例假、老朋友——月经
  添喜、有喜、有了——怀孕
  同床、房事、发生关系、夫妻生活——性行为
  下部、下身——性器官
  阳物、阴茎——男性器官
  阴部、私处——女性器官
  解手、方便——上厕所

其实,这里的"性器官""性行为""月经""上厕所"等已属文雅之词了,在实际生活中还有更粗俗的说法。但人们还是委婉再委婉,一隐而再隐,表现出对羞耻词语的极端讳忌的态度。

二、汉语禁忌的文字形式

汉语语言禁忌有那么多的种类,反映在书面上及口语上自然有许多不同的形式,这些形式同汉语以及其文字(汉字)的特点密切相关。大致有以下几种。

（一）缺笔

少写字的笔画（一般是最后一笔），用残缺的字来替代忌讳字。宋洪迈的《容斋随笔》中说："孟蜀所刻石经，其书'渊''世''民'三字皆缺画，盖避唐高祖、太宗讳也。"石经把"渊"刻成"洀"，"世"刻成"丗"，"民"刻成"昬"，以避李渊、李世民的名讳。这一方法，从汉字体系的点画构成特点出发，极为简便，所以从宋代起在刻板印刷及书写时十分流行。清代编写的《康熙字典》里，"玄""烨"二字，也都缺最后一笔，并特意标明"敬避御名"。古籍中常常可以遇到这样的情况。

（二）空格

遇到忌讳的字皆以"口"这个无意义的缺字符号来替代，有时甚至干脆空一格。这个方法，起初专用于避帝王名讳，比如清代刻书，因避"玄"字讳，常把"玄鸟""玄黄""玄圭""玄牝"等词，刻成"口鸟""口黄""口圭""口牝"。空出一个字，而让读者自己去心领神会。当然，古书中凡缺字的地方，未必都是避讳，也可能是由于年代久远而缺失其字了。

这种缺字避帝王名讳的方法，现代社会早已不用，但人们又常用它来替代一些露骨的色情描写。有些出版社在排印古代小说时，遇到赤裸裸的色情描写，一般都予以删去而不露痕迹；但有些负责的出版社，则常常在删节处用括号注明删节的字数，或者用缺字符号标明删节多少字，就用多少缺字符号演变至现代，也有用"×"这一符号的，意义及用法同"口"完全一样。

（三）换字

缺笔和空格的避讳方法都只能用于书面语，有很大局限性。无论书面语还是口语都能用的莫过于换字了，即用替代词将忌讳的词换掉。由于汉字的特点，换字可分同义词替换和同音词替换两种。

同义词替换就是用意义相同或相近的字来替换忌讳字。例如：

第五章 制度文化类汉语词汇研究

以"严"代"庄":东汉明帝名刘庄,因避"庄"字讳,故当时把"庄子"称为"严子"。"严""庄"都有严肃、庄重之意。

以"明"代"昭":王昭君,因避晋文帝司马昭的名讳,被改为"王明君"。"明""昭"均有光亮之意。

以"泉"代"渊":唐高祖名李渊,为避"渊"字讳,唐时改"渊"为泉。东晋诗人陶渊明,曾一度变成了"陶泉明"。"渊""泉"意近。

以"博"代"广":《广雅》是魏张楫编著的一部字书,沿用《尔雅》的目录而增广内容,故名《广雅》。因避隋炀帝杨广的名讳,改为《博雅》。"广""博"意同。

同音词替换即用发音相同或相近的字来替代忌讳字。这种方法"只求字面意义不同,而不避音同音近之嫌讳"。(陈北郊《汉语语讳学》)例如:

以"原"代"元":现代汉语"原来"一词本作"元来",明太祖朱元璋推翻元朝,创立大明,厌恶"元"字,故"元来""元由""元任"等均改为"原来""原由""原任",并沿用至今。

以"尝"代"常":明光宗名朱常洛,为避"常"字讳,曾将"常州府"改为"尝州府","常熟县"改为"尝熟县"。

这种同音或近音替代之法,在中国古代诗歌中也时有出现,且讲究语音、文义并重,以双关谐音为修辞手段来达到委婉表意的目的。唐刘禹锡的《竹枝词》"东边日出西边雨,道是无晴却有晴"便是一例。字面上天晴之"晴"隐藏的是羞于启齿的"情"。

(四)换词

换词是指改换整个所忌讳的词,而不仅是其中的一个字,也就是换了一种说法。前文提到的"死"及其对代词,就是用的换词方法,例如以"吃醋"替代男女情爱中的"嫉妒",以"金莲"替代旧时女子的"小脚"等。

如果仔细分析一下语讳中"换词"的构成形式,我们可以发现,替代词同忌讳之间往往存在着修辞上的联系。有的是比喻词,如以"金莲"讳"小脚","长眠"讳"死",都是取其比喻义;有的是借代词,如尊"虎"为"山神爷",谓"死"为"回老家";有的干脆就用代词。《晋书·王衍传》载王衍讨厌其妻"贪浊",所以"口未尝言钱事",其妻故意"令婢以钱,绕床不得行,夷甫晨起,见钱阁行,呼婢曰:'与举却阿堵物!'""阿堵,犹言"这个是古时代词。

语言禁忌比之语言崇拜有更多的消极影响,比如损害汉语,损害古籍之真实面貌,但因此而丰富了词汇,丰富了表达方式,这一点也不可忽略。

三、语言忌讳与交际

鲁迅小说《祝福》在写到"我"再次去鲁镇,想了解一下祥林嫂的情况时,这样写道:"晚饭摆出来了,四叔俨然陪着,我也还想打听些关于祥林嫂的消息,但知道他虽然读过'鬼神二气之良能也',而忌讳仍然极多,当临近祝福的时候,是万不可提起死亡疾病之类的话的;倘不得已,就该用一种替代的隐话,可惜我又不知道,固此屡次想问而终于中止了。"

这里所谓的"替代的隐话",就是指忌讳词的对代词。"我"因不谙悉语讳的对代词,故而虽想打听祥林嫂的生死,但"屡次想问而终于中止"。可见对于语讳及其对代词的熟悉和了解,也是人们之间沟通理解的重要桥梁。

至于阅读古籍,有关语讳的知识更是必不可少。杜甫有一首《北征》诗:"凄凉大同殿,寂寞白兽闼。"这里的"白兽闼"就鲜为人知。实际上它是指《三辅黄图》记载的"未央宫有白虎殿"的"白虎殿"。清梁章镇《浪迹丛谈》之"避讳"条云:"古人避讳,有绝可笑者,如唐代讳'虎',以'虎'为'武'足矣,乃又改'虎'为'兽'。"不论这种避讳习俗是否"绝可笑",如果对其缺乏了解,不掌握一些忌讳词及其替代词,无法正确理解语意则是无可怀疑的。

第六章 地域文化类汉语词汇研究

众所周知,不同的地域由于环境的不同往往造就了不同的文化,如中西方文化就存在显著的差异。不止如此,即便同一个民族其文化由于地域的差异也会不同。中国是一个多民族国家,地域广阔,文化类型也十分丰富。本章重点研究地域文化类汉语词汇的相关内容,涉及汉语地名的文化特征、汉语数字词的文化解析、汉语色彩词的文化印记、汉语动物词的文化联想、汉语植物词的文化积淀。

第一节 汉语地名的文化特征

一、地名与历史文化

地名是不同历史时代的产物,它与历史社会文化的联系是千丝万缕的,许多地名的产生或更改大都与各时代的文化特征相联系。从现代许多地名中,我们往往可窥探历史长河的各种踪迹。

(一)地名反映封建帝王年号与官府的遗迹

年号是封建帝王权威的一种标志,在地名中使用年号,可使其权力象征长久保持下去。

福建永泰县,为唐永泰二年(公元 766 年)所置,它是以唐代宗李豫的年号"永泰"为地名的。

浙江绍兴,汉代为会稽郡治的山阴县。南宋高宗赵构以自己的年号"绍兴"更改其地名,自此,元明清皆沿用这一地名,至今未变。

江西省的兴国县,取自宋太宗赵灵太平兴国年号中的"兴国"二字,兴国县置于宋太平兴国八年。

上海嘉定县,"嘉定"二字乃宋宁宗赵扩的年号,该县为宋嘉定十年(公元1217年)所置。

北京是元明清三朝的京都。封建时代官府衙门林立,其中有些官府在京都的地名中也留下了自己的名称。例如:

　　教场胡同——原内官署的内教场旧址
　　火药局胡同——明清内官署火药局旧址
　　钟鼓胡同——明清内官署钟鼓司旧址
　　武学胡同——明清中央官署武学旧址
　　刑部街(已拆)——明清中央官署刑部旧址
　　北兵马胡同——明清地方官署北城兵马司旧址
　　按院胡同——明清地方官署巡按察院旧址
　　学院胡同——明清地方官署提学察院旧址

有的地名,采用原有官署或官方仓库的名称。例如:

　　国子监街——国子监
　　太仆寺街——太仆寺
　　北新仓胡同——北新仓
　　广平胡同——广平库
　　禄米仓胡同——禄米仓
　　海运仓胡同——海运仓

今天的人们对北京地名很少去进行考究。北京有东厂胡同,有的人还以为那里曾经有什么工厂,其实这是明代由宦官控制的特务官署的机构名称,原有东厂和西厂两个机构。

(二)地名反映帝王用字的避讳

在封建社会中,帝王的权势高于一切,凡地名有与皇帝及其宗族同名、同字的,都要更改用字,以示避讳。

第六章　地域文化类汉语词汇研究

江西省高安县,本名建成县,唐武德五年(公元 622 年),因避太子建成讳,故改名高安县。(见《旧唐书·地理志》)

浙江省富阳县,本名富春县,以当地富春山而得名。晋咸安二年(公元 372 年)因避郑太后讳而改名。

江苏宜兴县,本名义兴县,湖南宜章县本名义章县,宋太平兴国初年,因避宋太宗赵光义讳而改名。

皇帝的避讳,有的甚至连陵墓名相同也要求地名改字。今湖北天门市,原名景陵县,清雍正四年,因避其父(清圣祖)陵墓名(景陵),诏令湖广安陆府景陵县改名为天门县。

湖北咸宁市(县),本名永安县。北宋景德四年(公元 1007 年)因避太祖父赵弘殷永安陵讳,故更名为咸宁县。

浙江省淳安县南的龙华寺,原名永泰寺。宋徽宗政和三年(公元 1113 年)因避哲宗赵煦永泰陵号,改为龙华寺。

二、地名与社会心态

地名的命名,绝大多数不是随意叫出来的。人们总是想给自己生息的土地取个有意义的或吉祥的名称,或寄予某种特殊的含义,国内外许多地名的取定都是如此。在中国,古代和现代的地名也十分丰富,含义复杂多样。一些有普遍性的地名中,往往透露出人们共性的社会心态。我国古代及旧时代的地名所反映的社会心态,带有浓厚的传统民族心理特征,这实际上也是民族文化的一种反映。我们初步考察了一下,我国地名中所透露的社会心态主要有以下几个方面。

(一)对龙神崇拜的社会心态

中华民族对龙神的崇拜是众所周知的。直到今天,农村或城市的民俗中,在逢年过节时,还要舞龙庆贺,舞台上还常常飞扬着"龙的传人"的歌声。中华大地上,龙是备受人们尊敬和崇拜的神物。

"龙"成为地名最早见于《春秋·成公二年》:"齐伐我北鄙,围龙。"杜预注:"龙"为"春秋时鲁邑,在泰山博县西南"。春秋以来,历代有许多地名冠之以"龙",各地有"龙"字的地名很多。例如:

黑龙江之"龙江""龙泉河""龙镇"。
辽宁之"龙首山""龙眼河"。
吉林之"龙源""和龙"。
河北之"龙关""龙泉山"。
山西胜地之"龙门"。
山东之"龙口"以及"龙洞山"。
内蒙古之"龙胜"。
江苏之名胜"云龙山"。
上海之"龙华"。
杭州之名泉"龙井"。
四川之"龙门坝""龙市镇"。
湖北之"龙丘"。
河南之"龙泉寺""龙升镇"。
安徽之"龙穴山"。
福建之"九龙江""龙海县"。
广东之"龙冈墟""龙江浦"。

据统计,《辞海》《中国古今地名大辞典》所收录的带"龙"字的地名有300多条。这些带"龙"字的地名包括:省名、市名、县名、城名、州名、镇名、墟名、山名、丘名、河名、泉名,甚至寺名、村名也有用"龙"字的。陈出新在《龙年漫话龙地名》一文中指出,湖北神龙区林区有40多处带龙的村名,如龙象村、龙溪村、龙潭溪、青龙湾、龙沟等。这些充分反映出我国人民对龙的崇拜心态。

(二)求太平、安宁的社会心态

历史上的中国,战乱不断,烽火连绵。战乱中,民生凋敝,饿殍遍野,民不堪其苦,于是社会上普遍产生一种求天下太平、安宁的心态,把"安居乐业"的生活当作美好的理想。这种求太平的社会心态,在地名中处处流露出来。许多地方以"太平""永平""永宁""永和"等为地名,表现人们祈求和平、安宁生活的愿望。例如:

太平——太平市、太平地、太平店、太平街、太平集、太平

第六章 地域文化类汉语词汇研究

川、太平岭、太平山、太平寨、太平江、太平河、太平洲、太平溪、太平桥、太平庄、太平场、太平口、太平关、太平路、太平寺。

含"太平"的地名遍及全国各地。以"太平桥"这一地名为例,吉林省有太平桥,江西玉山县也有太平桥,四川南部县也有叫太平桥的,广东也有太平桥,北京西城也有太平桥。

永宁——永宁集、永宁山、永宁江、永宁河、永宁州、永宁城、永宁县、永宁陵、永宁铺、永宁镇、永宁乡、永宁关。

永安——永安市、永安山、永安宫、永安堡、永安州、永安溪、永安墟、永安井、永安县、永安陵、永安镇、永安营。

永和——永和市、永和县、永和州、永和墟、永和里、永和关、永和隘、永和镇。

这些地名遍布全国各地,不论是过去还是今天,它们都反映人民群众希望天下太平,永远过安宁、平安、和平的生活,不要战乱,不要动乱,希望安居乐业的心态。人们通过这些地名,寄托一种热爱和平生活的良好愿望。

（三）地名改变与政治心态有关

地名的改变有一种是出于政治上的需要,为了炫耀新政权与旧政权的区别,或者是出于某种政治心态,便大力更改地名,在我国的历史上就有这种大规模改地名的例子。王贵文、韩雁来在《历史上一次乱改地名的教训》一文中指出,东汉王莽做皇帝后,为了摆脱政治危机,便以《周礼》为据,进行托古改制。他的改制里包括大规模更改地名,将西汉 82 个郡名变更了 62 个。都城长安改称为"常安",许多郡名都冠以"顺""平""归""新",这反映他要人民顺从新政的独裁者的心态。例如：

江南郡—南顺郡,东海郡—沂平郡。

对于边境郡名,多冠以"降""戎""狄""夷"字样,如五原郡—获降郡,代郡—厌狄郡,天水郡—添戎郡,反映他称霸边境、蔑视少数民族的霸主心态。

北京"东厂胡同"的名称,源于明代永乐年间,是明代奸相魏忠贤掌管的特务机关——东厂的所在地。日本侵占北平时,东厂胡同被改名为"东昌胡同"。为什么这样改呢?尽管只有一字之差:厂—昌,但含义却相去甚远。日本人取名"东昌",实际上是他们的伪善口号"东亚共荣"的略语。这是出于侵略者的一种政治心态。明明是侵略中国,却要高喊共荣"东昌"。

地名的更改要考虑许多因素,不能心血来潮,想改便改。显然,地名既是一种地理名称,同时是一种社会文化的反映。在地名中寄托着人们的信仰、愿望、追求与情感,反映社会的各种心态,这也是地名与社会文化密切联系的表现。

第二节 汉语数字词的文化解析

一、汉语数词与传统文化语义的多样性

数是什么?东汉许慎《说文》:"数,计也",即用以计算。《汉书·律历志》清楚指出:"数者,一、十、百、千、万也。"

人类的历史表明,早在文字产生以前,人类便已会计数,美国数学家托比亚斯·丹齐克在其名著《数:科学的语言》一书中指出:"人类在进化的蒙昧时期,就已经具有一种才能,这种才能因为没有恰当的名字,我姑且叫它数学。……数的产生,远在有史以前。"

在我国,《易·系辞》称:"上古结绳而治,后世圣人易之以书契。"郑玄为其注曰:"事大,大结其绳;事小,小结其绳。结之多少,随物众寡。"这表明,结绳是远古人们的原始计数方法。据有关学者考古证明,中华民族数观念的形成,远在公元前五千年左右,在新石器时代早期便已产生,最典型的证据是西安半坡遗址的陶器上,有从一至九递次整齐排列的点,这些点组成一个三角形图案。

远古中华民族计数的习俗还有:图画计数、刻契计数、串贝计数等,但这些都不是数文字。真正的数文字的产生见于殷墟的甲骨文。在甲骨文中已经有不少数字,除了一到十之外,还有百、千、万,其数字字形有两种:一种是象形计数符号,即模仿结绳形态而成的数字字符,如:一(一)、二(二)、三(三)、四(四),另一种用较抽象的符号表示,如:×

(五)、n(六)等。

数词的最基本的语义是表示事物的数量,用于计算。正如《汉书》所说:"数者,一十百千万也,所以算数事物。"世界上所有语言中的数词都具有这一基本的语义。

值得人们注意的是,汉语的数词在古代具有许多神秘性的传统文化语义。古人认为,数是一种"先天地而己存,后天地而己立"的神来之物,具有不可抗逆的自然法则。世上万物,人的吉凶、生存,国运的兴衰都离不开数的机理。如自然界的阴阳,受数字"二"的限定;水、木、金、火、土的物质存在和发展,与数字"五"对应。在古人的思维里,"万物莫逃乎数也"。由此,汉语的数词滋生出许多独特的传统文化语义,这是世界上其他语言所罕见的。有人认为,这是我们古人在人类文明史上的一种创举。但是,这种创举的文化内涵并不一定合乎科学。

人们都知道,汉代许慎的《说文解字》是历史上很有名的早期字典,它对一到十基数词的字义的解释,完全离开数的含义,而是与《易经》相联系,即与传统文化观念和哲理思想相联系,解释汉语数与阴阳、五行相关的文化语义。(当然,其中也有少数从字形构造来释义。)显然,在中国传统文化中,数具有神秘的色彩,它不仅表示数,而且具有数以外许多哲理含义,反映古代人的宇宙观念、命数观念、占卜迷信观念等等。在古代道教、佛教中,也有从自身教义出发,解释汉语这些基数词的,恕不赘述。

二、汉语数词的神秘色彩

所谓"十有八变而成卦",即"八卦"。《易经》的八卦由阳爻和阴爻(爻,八卦的基本符号)作三重排列组合,构建八种图形,故为八卦。八卦寓指的内容十分丰富,它象征宇宙万物的基础:

乾—天、坤—地、震—雷、艮—山、坎—水、离—火、巽—风、兑—泽

这里所列的天地雷风水火山泽均是构成宇宙万物的基础,八卦还象征人的种种属性,据《易·说卦》所说:"乾,健也(刚健)。坤,顺也(柔顺)。震,动也(活动)。巽,入也(进入)。坎,陷也(险陷)。离,丽也(附丽)。艮,

止也(静止)。兑,说也(愉悦)。"

八卦还象征着人体的各个部位:乾—首、坤—腹、震—足、巽—股、坎—耳、离—目、艮—手、兑—口。这是人的生命的完整系统。

八卦又象征家庭的亲缘关系的观念:乾—父、坤—母、震—长男、巽—长女、坎—中男、离—中女、艮—少男、兑—少女。

显然,八卦把宇宙和人的各种属性、关系融合在一起,这完全体现了传统的"天地人合一"的哲学观。后来,八卦又进一步演化为六十四卦以及二百八十四爻的解说词。均由"八"这个数词演化而生,这里,"八"象数推演,具有神秘性。

在汉语中,"五"也是一种富有神秘性的玄数。

"五"的变化与五行说有密切关系。"五行"观念最早见于《尚书·甘誓》,但它的思想起源可能还要早一些,可能是远古人们观察星象运行而提出来的,认为天上有金、木、水、火、土五星运行,随之比附地上提出五材(金、木、水、火、土)、五方(东、西、南、北、中),逐渐形成对"五"这个数字的崇拜,并赋予"五"无所不包的观念,同时,也代表事物各种作用、功能、属性,"相克""相生",从而使"五"这个数词带有神秘的色彩。在古代,"五"逐渐成为跨越时空、渗透五行思想的观念符号:天上有"五星",地上有"五材",有"五官",兵器有"五械",刑罚分"五等",有"五德",人体有"五脏",动物分"五虫",色彩有"五色"……一切无不用"五"来概括。其实,行业并不止于"五",行政官并非只有"五官",动物也并非只有"五虫",色彩也并非只有"五色"……"五"成为玄化的数词,反映阴阳五行观念无所不在,无处不发挥作用。

五行化观念的一个明显特点是,绝对强调五个要素一组的配列,不论是自然界还是人类社会伦理,"数字五是它们与五行发生感应的纽带"。

请看下面的例子,我们从中可以感受到古人崇尚"五"(五行)之风的炽烈。

五行	木	火	土	金	水	《尚书》
五色	青	赤	黄	白	黑	《吕氏春秋》
五音	角	徵	宫	商	羽	《礼记》
五味	酸	苦	甘	辛	咸	《尚书》
五脏	肝	心	脾	肺	肾	《黄帝内经》

第六章 地域文化类汉语词汇研究

五谷	麦	黍	稷	麻	菽	《礼记》
五牲	鸡	羊	牛	犬	豕	《礼记》
五方	东	南	中	西	北	《礼记》
五季	春	夏	季夏	秋	冬	《礼记》
五用	恭	明	睿	从	聪	《太玄经》
五兵	矛	戟	剑	戈	铩	《礼记》
五常	仁	义	礼	智	信	《春秋繁露》
五伦	父子有亲		兄弟有序		朋友有信	
	君臣有义	夫妇有别	《河洛精蕴》			
五官	司农	司马	司营	司徒	司寇	《春秋》

此外,"三""九"也成为玄化的数词。

"三"的变化,有人认为很可能由"三辰"(日、月、星)衍化而来。人类早期对自然界有很大的依赖性,不论到哪里,自然环境虽然发生变化,但天上的日、月、星总是伴随着他们,这容易引起人们对"三"产生崇拜心理。由天象推及气象有"三时"(春、夏、秋),由气象推及自然界有"三川""三山",宇宙有"三才"(天、地、人),推及人间,人有"三世"、王有"三皇""三王",祭祀有"三礼"(祭天、祭地、祭宗庙)、"三牲"(古代祭祀的牛、羊、猪),"三纲"(君臣、父子、夫妇),"三宝"(土地、人民、政事),"三生"(前生、今生、来生)等。由此推演,"三"也同为玄数。

三、数词与俗语

在汉语中有许多由数字或数词加其他词语构成的俗语。这里的俗语是指流行于民间文化土壤上的成语及其他流行语。它自古就产生,根植于传统文化底座,具有深厚的民族性。在现代汉语中,依然有许多带数词的俗语。

值得注意的是,数词在流行俗语中,其词义常发生变化。如"二百五"这一宋代便产生的俗语,至今仍流行。它并非表示具体数量,而是喻指"半疯"或办事粗心大意,言语鲁莽粗俗的人。又如,"七十二行,行行出状元",这里的"七十二"喻指各行各业,并非确定的数词。还有一些由数词组成的格式化的俗语,如,"七×八×"式:七上八下、七拼八凑、七嘴八舌、七零八落等。这里的"七"和"八"并非表示实际数量,而是形容多而杂乱的意思。数词在许多俗语中,其表述数字之义已发生异化,转化或引申为其他相关的词汇意义。换句话说,数词词义已融入俗语的整体语义中,许多已不再单独表示数词本义的数量。下面略举一些带数词的俗语。

一刀两断——坚决断绝关系。古代也表示做事干净利落。

一毛不拔——为人吝啬、自私。"一"表示极少。

一目了然——眼便看得明明白白。"了然"是明白的意思。

一日三秋——形容殷切思念。"一日"表示很短的日子。

一鼓作气——表示鼓足勇气,振奋精神,完成任务。

一尘不染——佛教谓色、声、香、味、触、法为六尘。此谓为人清静廉洁,不为社会坏习气所沾染。

一叶知秋——从事物某些小变化或迹象,测知其未来发展趋向与结果。

一言既出,驷马难追——形容话已说出,无法改变、收回。

一失足成千古恨——一旦犯大错,无法补救,成为终身遗憾。千古,指终身。

三六九等——指多种等级或差别。三六九表示多种。

三三两两——成群的人数不多,三或两为泛指,表示少数。

三令五申——三、五表示多次,即多次发命令和告诫。

四平八稳——原指身体各部匀称、结实。引申指人的思想保守、平稳、缺乏创新精神。

四分五裂——不统一、不团结,分裂成多块或多种团体组织。

五光十色——色彩和花样繁多。五、十表示繁多。

五十步笑百步——指彼此缺点、错误性质相同,只不过程度上有些轻重不同而已。

五体投地——五体指两手、两膝和头。这是佛教最恭敬的跪拜行礼仪式。比喻佩服到了极点。

六神不安——道教指心、肺、肝、肾、脾、胆为六神。指心慌意乱,不知所措。

七老八十——指年纪很大,一般泛指六十岁以上的老人。

七上八下——形容心里慌乱。数词为虚指,表示多次。

第六章　地域文化类汉语词汇研究

八面玲珑——指为人处世圆滑周到。八面表示各个方面。

八九不离十——喻指很接近成功或实际情况。

八字没一撇——比喻事情还没有眉目。

九牛一毛——比喻微不足道。

九牛二虎之力——比喻用很大的力量。

十万火急——形容事情紧急到了极点。"十万"表示非常。

十年九不遇——指某种情况或灾祸极少遇到。

十年树木，百年树人——比喻培育人才很不容易。"十年""百年"表示很久。

百思不解——反复思索仍不能理解。"百"表示很多。

百折不挠——不论受多少挫折都不退缩。

百足之虫，死而不僵——比喻人或团体虽已失败，但其影响或势力仍然存在。（多用于贬义）

自古以来，含数词的民间俗语还有很多，如千军万马，万无一失，千方百计，推三阻四、黄梅天十八变，大姑娘十八变，一不做、二不休，万里江山一点红，眼观四面、耳听八方，一娘生九子、子子不相同等。

下面，我们把数词在各种成语、俗语镶嵌结构中所发生的变义现象表述如下：

镶嵌结构		数词的结构变义
千山万水	千家万户	"千、万"表示很多
七喊八叫	乱七八糟	"七、八"表示杂乱
朝三暮四	三心二意	"三、四"表示不定
三令五申	三番五次	"三、五"表示多
一言半语	一知半解	"一、半"表示少
千娇百媚	千奇百怪	"千、百"表示很多
镶嵌结构		数词的转义
一针一线		"一"表示"每"
一生一世		"一"表示"终"
一心一意		"一"表示"全"
一心一德		"一"表示"同"
一穷二白		"二"表示"又"

· 173 ·

百战百胜	"百"表示"每"

　　汉语数词融入民间俗语,渗透着民族文化的丰富内涵,焕发民族智慧的光彩。在这里,数词具有双层语义性。既有数的含义,又有引申、融合于俗语的特定深层语义。

　　在历史上或旧社会中,数词还被运用于各种行业或秘密团体的隐语中。这种隐语只有同行、同团体的人才能听得懂,其他人都听不懂。它具有秘密性,其数词也成为隐码,让人难懂。俗话说"隔行如隔山",这与行业隐语的使用有关。今天,社会上已不再使用行业隐语,这里我们不再阐述。

第三节　汉语色彩词的文化印记

　　天地山川、草木花卉皆因光而呈形,因色而见美,大千世界的美,首先应归功于色彩。形色相依为命,有形无色不美,赋形以色才美,色彩丰富,美;色彩单调,丑。难怪马克思在论述艺术时强调"色彩的感觉是一般美感中最大众化的形式"。

一、色彩词的形象性

　　色彩是客观事物的一个重要属性,它是客观存在的。因此,说写者只要按照事物的本来面目加以如实反映,便可以使读者通过审美联想和生活体验感受到事物的色彩美。例如:

　　　　我是一个迷恋色彩的人,尤其是大自然的色彩。我常在淡淡的青色晨雾中去迎接淡黄色的晨曦和金黄色的朝阳;我常在玫瑰色的夕阳下观察云霞的流逝和变化;我喜欢等待浅浅的紫灰色的暮霭像纱幕一样冉冉上升,然后在那宝石般深沉的黑夜里接受银白色月光的洗礼……

　　　　　　　　　　　　　　　　　　　　　　（顾月华《绿》）

第六章　地域文化类汉语词汇研究

这里有青色、黑色、玫瑰色、紫灰色,有淡青与金黄的搭配,有浓黑与银白的对比,尽管这些都是宇宙的固有色,但在作者的巧妙选择和搭配下,具有了明显的情感色彩,造成一种特殊的审美效果,让读者犹如置身于变幻奇特的万花筒中。

客观事物的固有色固然需要如实呈现,但我们也不能为之束缚。因为万物的色彩还要受到环境的影响,形成环境色。所谓环境色,是指物体的固有色在不同光源和环境条件的影响下所产生的色彩。正如马克思所说:"每一滴露水在太阳的照耀下都闪耀着无穷无尽的色彩。"色在光源的照射下会呈现出不同的颜色,而不是一成不变的固有色。

为增强语言的形象性,人们常用以下几种表现手法。

第一,重复使用某一颜色词描画形象,使之产生色调单一、突出强调的美感效果。例如:

> 树木瘦削地立在路旁,枝上连只鸟也没有。灰色的树木,灰色的土地,灰色的房屋,都静静的立在灰黄色的天下;从这一片灰色望过去,看见那荒寒的西山。
>
> (老舍《骆驼祥子》)

作家用"灰色""灰黄色"等色彩暗淡的词描写事物,创造了悲哀的气氛,暗示祥子悲惨的结局。"灰色的树木,灰色的土地,灰色的房屋",突出强调了环境的悲凉。又如:

> 一路是落霞夕照,神秘了下岗哨兵;金黄的远天金黄的云,金黄的流波金黄的岭,翠竹镀上了金黄,芭蕉染上金黄,金牛归鸣声声,金黄的禾田如金黄的天梯……
>
> (张永枚《金黄的乡村》)

作者反复使用"金黄"这一特定的色调,使夕阳下的天、云、山、水、翠竹、芭蕉、老牛、禾田都变成金黄,着力渲染、夸张夕阳照耀下乡村美丽的景色。

第二,选用两个或两个以上的色彩词,在统一的布局下配置色彩的不同比例,使之产生相互映照,彼此衬托的美感效果。例如:

这时候，我的脑海里忽然闪出一幅神异的图画来：深蓝的天空中挂着一轮金黄的圆月，下边是海边的沙地，都种着一望无际的碧绿的西瓜，其间有一个十一二岁的少年，项带银圈，手捏一柄钢叉……

（鲁迅《故乡》）

靠着南窗的小书桌，铺了墨绿的桌布，两朵半开的红玫瑰从书桌右角的淡青色小瓷瓶口边探出来。

（茅盾《创造》）

用一片深蓝来衬托一轮金黄的圆月，还有"碧绿的西瓜"，配上一个带着银色项圈、手执钢叉的小英雄，色彩鲜艳明丽。墨绿中有浅青，浅青中含通红，层次分明，色彩醒目。

第四，按照统一基调，配置选择多个色彩词，组成格调一致的整体画面，使之产生配搭协调，情调和谐的美感效果。例如：

王冕放牛倦了，在绿草地上坐着。须臾，浓云密布，一阵大雨过了。那黑云边上镶着的白云，渐渐散去，透出一派日光来。照耀得满湖通红。湖边上，山青一块，紫一块，绿一块。树枝上都像水洗过一番的，尤其绿得可爱，湖里有十来枝荷花，苞子上清水滴滴，荷叶上水珠滚来滚去。

（吴敬梓《儒林外史》）

朝南一望，只见对面千佛山上，梵宇僧楼，与那苍松翠柏，高下相间，红的火红，白的雪白，青的靛青，绿的碧绿，更有那一株半株的丹枫夹在里面，仿佛宋人赵千里的一幅大画，做了一架数十里长的屏风。

（刘鹗《老残游记》）

作者运用色彩词把大自然的摇曳多姿、绚丽多彩生动地勾画出来，呈现在读者面前的是两幅色彩鲜明而协调、情调明朗而健康的图画，令人叹为观止，称赞不已。

二、色彩词的表情性

文学艺术作品都是通过作家、艺术家的头脑创造出来的,无论是它的内容还是形式,都打上了作家、艺术家的主观性的印记。色彩描写也不例外,即使是描写自然界的色彩,也常常是"物皆著我之色彩"(王国维《人间词话》)。文学作品不能像绘画那样可以直接作用于人的器官,具有强烈的直观性。但它在表现色彩方面也有绘画所不能企及的地方,它能够运用语言这个物质材料来描写色彩。虽然它对色彩描写没有绘画那样具体,那样"实",但它能化实为虚,寓虚于实,从而诱发欣赏者的想象能力。在文学作品中,把色彩词与表达感情的词语搭配在一起,从而强化色彩的感情倾向,是常用的方法。例如:

> 黄女士即使再能镇定些,也忍不住脸上红了,红了倏又转白,是愤怒的白。
>
> (茅盾《第一个半天的工作》)

以上例句中的色彩描写,都是运用感情词语,把人的主观感受也情移用在客观的色彩上,色彩词也就带上了人的主观色彩。"悲惨""愤怒"都是形容人的情感,这里用来与"灰白""白"搭配,使这些色彩词的感情倾向更加鲜明和强烈。

色彩词与表达感情的词语搭配,有时还能改变色彩词的常见表情性。唐代诗人李贺的诗歌是个典型例子,李贺经常在红、绿、黄、翠等鲜艳的色彩前面,加上幽冷的字眼,如幽、冷、堕、愁、暗、寒、颓等。如"愁红独自垂"(《黄头郎》),"飞光染幽红"(《感讽六首》),"堕红残萼暗参差","暗黄著柳宫漏迟","寒绿幽风生短丝"(《河南府试十二月乐词·正月》),"冷红泣露娇啼色"(《南山田中行》),"颓绿愁堕地"(《昌谷诗》)等,由于主观情感词语的修饰,使得诗歌笼罩上了一层悲凉黯淡的气氛。李贺生逢动乱不宁的社会,家道清苦贫寒,自己又怀才不遇,这使他的心境充满了伤感和凄苦,即使像红这样的暖色调,在他的笔下也显得瑰丽凄恻。[①]

[①] 彭金祥.汉字与中国传统文化[M].成都:电子科技大学出版社,2017.

三、色彩词的象征性

色彩具有象征意义自古有之,春秋时以紫为贵,"齐桓公好服紫,一国尽服紫",这里"紫"这个色彩词就代表了一种高贵的含义。东汉末,张角等崇尚道教,以黄为正色,后逐步沿袭,黄色成了帝王使用的专一色彩,"黄"这个色彩词又有了崇高、独尊的含义。隋代甚至做出规定:"黄为天子所用,士庶不能服黄。"唐制,三品以上服紫,四品以上服绯(赤色),五品服浅绯,六七品服绿,八九品为青,庶人服白。这里的色彩词无疑有了一种等级的含义。白居易《琵琶行》中有"座中泣下谁最多,江州司马青衫湿"。"青"这个色彩词指白居易被贬为江州司马,官列九品,著青衫。这里的"青"正用来表示位卑职小。

我国传统的观念中,五色(赤、黄、白、黑、青)代表正统的地位。红、绿、橙、碧、紫称间色,即杂色,非正色。作为具有象征意义的色彩词运用在文学作品中,我们早在《诗经》里就看到了。例如:

或曰:苍蝇红紫?曰:明视。问:郑卫之似?曰:聪听。

(扬雄《法言·吾子》)

这句的意思是苍蝇污白,"红""紫"皆为间色,会淆乱正色,所以要明白识别。郑卫之音是淫声邪音,能乱雅乐,所以要明察辨析。《论语·阳货》有"恶紫之夺朱"句,即是说紫夺了朱的地位是可憎恶的。这种间色的观念还渗透到古代词义的阐释中。如《释名·释采帛》:"紫,疵也,非正色,五色之瑕疵,以惑人者也。"故《后汉书·陈元传》有"夫明者独见,不惑于朱紫"之说。清人咏紫牡丹:"夺朱非正色,异种亦称王。"暗指爱新觉罗氏以清代明入主中原之事。所以在封建社会中,正色和间色的色彩象征了封建统治的秩序,其指导思想即儒教的所谓"非正不视,非正不听,非正不言,非正不行"(扬雄《法言·渊骞》)。

到了现代汉语中,色彩词的象征意义就运用得更加广泛了。除了比较固定、约定俗成的象征意义外,有些色彩词的象征意义是临时的,它的所指意义要根据表达的内容才能确定。例如:

太阳刚刚升起,/向日葵朝他扬起脸来,向日葵的花瓣荡漾着金黄的幸福,/一阵手风琴声来自围墙院里。

(刘白羽《新世界的歌》)

我将深味这非人间的浓黑的悲凉;以我的最大哀痛显示于非人间,使它们快意于我的苦痛,就将这作为后死者的菲薄的祭品,奉献于逝者的灵前。

(鲁迅《记念刘和珍君》)

"金黄色"是一种最明亮、辉煌的色彩,它预示着希望、光明、收获。向日葵的花瓣也是金黄色的,作者巧妙地把物的固有色彩的象征意义加到抽象的概念上,来显示光明、美好的生活。

"浓黑"表现了沉重、悲哀的感情,它深不可测,叫人不安,表现了"悲凉""痛苦"的心境状态。以上两例的色彩词所产生的心理感觉与它修饰的事物、形状、行为直接发生联系,搭配十分协调,表达的感情是一致的,就是把它们孤立在语境之外也容易理解。

当然,色彩词的形象性、表情性、象征性这三方面在文学作品中的运用并非单一的,截然分开的,有时会呈现出交叉或综合运用的特点。例如:

吴荪甫突然冷笑着高声大喊,一种铁青色的苦闷和失望,在他的紫酱色的脸皮上泛出来。然而只有一刹那,他又恢复了刚毅坚决的常态。

(茅盾《子夜》)

她们暂时压倒了我的听歌的盼望,这便成就了我的灰色的拒绝。

(朱自清《桨声灯影里的秦淮河》)

吴荪甫面对着工人罢工、产业凋敝、市场暴跌的形势,一方面内心深感破产的恐惧,另一方面又不甘心束手待毙,这种复杂的心理,作者借助铁青色这种象征冷漠而可怖的色彩,与"苦闷和失望"组合,给"苦闷与失望"涂上了一层混浊的阴冷的色调,把吴荪甫色厉内荏的内心世界揭露出来。

朱自清夜游秦淮河，被灯影月色陶醉，也被"贴耳的妙音"诱惑，他希望能有歌妓前来歌唱，但歌舫真的过来时，在众目睽睽之下，理智与情感又发生了冲突，在这种复杂心情交织之下的拒绝，是很难找到一个恰当的词表现的。但"灰色"这个象征着失望的词语与"拒绝"组合在一起，就把作者当时欲往不能却又无可奈何的矛盾心理和颓丧、消沉的情绪表现得淋漓尽致。

以上两例就是色彩象征性与色彩表情性的有机统一，至于和色彩形象性的融合，更是可以举出大量的例子，因为文学作品本身就是作家笔下的产物，一般都不可避免带有主观情感。

色彩词在文学作品中的应用非常广泛，对于它们，恰当运用，可以大大增强语言的形象美、情味美、含蓄美，可以使语言色彩斑斓，丰富多彩，绘制出一幅幅奇光异彩、姹紫嫣红的艺术画面。

第四节 汉语动物词的文化联想

"禽兽"是鸟类和兽类的统称，也泛指"飞禽走兽"，它们与人类的生活关系非常密切。像汉民族就在长期的历史发展中，与各种鸟兽不断地接触，或是将某些鸟兽奉若神灵，或役使某些鸟兽服务于生产生活，或将某些鸟兽作为自身的食物来源，甚至根据鸟兽的形状和印迹，创造出一套象形文字体系，以记录自身的社会生活。

汉民族在漫长的历史长河中，不断观察鸟兽的生存环境、凶猛程度、形体大小、生存习性等特征，将其完全融入了自己的生产生活，不仅如此，华夏先民还根据鸟兽的行迹与体态、形状等创作了《周易》八卦，甚至为记录自身的社会生活，传承华夏文明，先民们还根据鸟兽的行迹与体态、形状等创制出汉字，可以说，鸟兽与汉文化有着千丝万缕的联系，也正因这样，在汉语中出现了大量与鸟兽有关的文化词汇。

比如"衣冠禽兽"，意为"穿戴着衣帽的禽兽。喻指道德败坏，行为像禽兽一样卑劣的人"；又如"如鸟兽散"，意谓"如同一群飞鸟走兽一样逃散，形容人群溃败逃散"，也比喻某一集团或组织解散后，其成员各奔东西，带有浓厚的贬义色彩；再比如汉语俗语"林子大了，什么鸟都有",以"鸟"喻"人",喻指世界上什么样的人都有,告诫人要见怪不怪,要能跟各种类型的人打交道,更要学会容忍别人的生活习惯,甚至是缺点。因此,这些与禽兽类有关的文化词语既浓缩和记录了汉民族的生活印迹,也体现和反映出汉文化中为人所称道的生活智慧。

此外,汉语中文化词汇的产生及类聚自然是源于汉民族的文化心理、民族性格、生存环境等因素,因此很多与鸟兽有关的文化词汇深深打上了自己的民族烙印。比如在汉语中,"狗"一般是被赋予贬义,像"狗急跳墙、鸡鸣狗盗、狗仗人势、狗血喷头、狗头军师、狼心狗肺、蝇营狗苟、鸡零狗碎"等成语和俗语均带有浓厚的贬义色彩。但是在西方,人们通常将狗作为宠物来养,狗也被人们认为是人类最好的朋友,因此西方人对于食狗肉十分反感。当然,dog 在英语中有时含有贬义,但总的来说属中性或含褒义的情况居多。

一、龙和凤

《礼记·礼运》说:"麟凤龟龙,谓之四灵。"这是说的中国古代先人们对四种神灵动物的崇拜,其中,对"龙、凤"二灵尤为崇拜、敬仰,并形成了龙凤文化。

"龙"是汉民族虚构的动物,但中国人对它寄予了一种特殊的情感,这种情感传承了几千年,至今仍旧没有减弱,它是人们将想象发挥到极致的产物,兽的野性、人的悟性、神的灵性让"龙"拥有万物无法企及的崇高地位,成为整个中华民族的精神象征。中国古代先人还曾把"龙"作为自己部落的图腾,因此,直至今天,全世界的炎黄子孙又被称为"龙的传人""龙的子孙"。

在古人的心目中,"龙"是神灵,拥有超自然的神力,能兴云布雨。中国古代是农耕社会,而且在生产力不发达的封建时代,人们基本上是靠天吃饭,因此,雨水直接关系到粮食的收成,也因此汉语中有"及时雨、春雨贵如油"等俗语和谚语。为祈求龙王能根据农作物的需要及时降雨,风调雨顺,五谷丰登,汉族民间各地都建有"龙王庙",来祭祀龙王。

"龙"又象征着神圣吉祥,在封建社会中,"龙"乃是封建帝王的象征。古代帝王称为真龙天子,是"龙"的化身,所以凡是与皇帝有关的事物都加一"龙"字。如"龙体"指"皇帝的身体","龙颜"指"皇帝的容颜",

"龙椅"指"皇帝坐的椅子","龙袍"指"皇帝穿的绣有龙的长袍","龙被"指"皇帝休息时所盖的绣有龙的被子"……此外,还有龙灯、龙柱、龙旗、龙宫、龙帐、龙杖、龙床、龙钟、九龙壁、二龙戏珠等。这些与"龙"相关的词语明显表现了封建皇权至尊无上的威严色彩。

在现代汉语中,还有许多与龙有关的成语,也多为褒扬、赞美之意,如"龙飞凤舞、龙眉凤目、龙踏虎踞、生龙活虎、乘龙快婿、望子成龙、车水马龙"等。可以说,"龙"直接渗入人们的社会生活之中。天旱少雨时,人们要祭拜"龙王庙"。逢年过节或是喜庆日子,往往要舞龙灯庆贺。相传农历"二月初二"是"龙抬头"的日子,各地都要隆重庆贺。而南方一带每到端午节时,人们还要在江河上举行龙舟竞赛。

此外,很多人会在自己孩子的名字里取"龙"字,以博取一个富贵吉祥的好兆头,希望自己的孩子将来能成功成才。

二、猫头鹰与仙鹤

猫头鹰,民间又称为"夜猫子",在汉语中与迷信有关。在汉文化中,猫头鹰由于经常在夜间活动,并发出凄厉的叫声,因而被认为是一种不吉祥的鸟。人们经常把它的叫声与死人和阴间鬼魂等联想到一起,这使得人们对"猫头鹰"逐渐产生了"凶险、不吉利"的联想意义。民间有俗语云:"夜猫子进宅,无事不来",指的就是"猫头鹰是不吉利的,能给人带来厄运"。

仙鹤为神仙之坐骑,神仙在神话传说中是长生不老的,因此"仙鹤"也就有了"长寿"的象征义。正因为汉文化中,"鹤"是长寿的象征。因此,父母常给孩子取名"鹤年""鹤龄",说明希望孩子长大成人,长命百岁。另外,在中国画的传统题材中,"鹤"常与象征"坚定、长寿"的松柏联系在一起,作为绘画和图案的题材。在民间,给上了年岁的人过生日时送"松鹤延年"的礼物,既体现对老人的尊重,又暗含祝福老人长寿的意思。

三、鸡

鸡的文化内涵相对要复杂一些,因"鸡"与"吉"谐音而有吉祥如意之意,如"金鸡报晓""大鸡(吉)大利"。山东一带曾经还有一种"大鸡"

第六章　地域文化类汉语词汇研究

牌香烟,红色的包装盒上印着一只昂首挺立的大公鸡,因"大鸡"谐音"大吉",又是一种非常吉利的红色包装,因此,这种牌子的香烟曾经作为婚事上的必用烟而流行一时。但更多的时候,"鸡"的文化含义都是负面的,如"呆若木鸡、狗盗鸡鸣、鹤立鸡群、鸡飞蛋打、鸡犬升天、杀鸡儆猴"等,这些词语均反映出"鸡"浅薄、渺小的一面。再如:

> 姜玉瞧了半天,见广太委实不成,再不过去,怕三爷受伤,连忙说:"三叔,有弟子在此,杀鸡焉用宰牛刀!待我拿他就是。"
>
> (《康熙侠义传》第三十四回)

另外,鸡身上有羽毛,杀鸡后当然要把鸡毛先拔下来或煺下来。在生活中,鸡毛除了能做鸡毛掸子之外,基本上是琐碎而没有什么大用的。跟从大蒜上剥下来的皮一样,没有什么实用价值,可谓无关紧要因此,汉语中有"鸡毛蒜皮"一词,比喻生活中那些无关紧要的琐碎小事或毫无价值的东西。

四、狗

同"鸡"一样,狗的身份和文化寓意也比较复杂。它的忠诚及通人性,让它成为人类很好的伙伴,如"犬马之劳""儿不嫌母丑,狗不嫌家贫"都表明人们对狗的喜爱之情。而且,汉族民间"猫来穷,狗来富"的说法甚至可以看出中国人还把"狗"视为"吉祥之物",会给自家带来好运。

然而另外一些与"狗"相关的词语却让狗带上了极度贬义的文化内涵,像"狗仗人势""狗腿子""落水狗""狼心狗肺""狗咬吕洞宾,不识好人心""狗嘴里吐不出象牙""鸡鸣狗盗""狗头军师""狗血喷头""鸡零狗碎""蝇营狗苟""狗东西""狗肉朋友""哈巴狗""癞皮狗""偷鸡摸狗""肉包子打狗""猪狗不如""挂羊头,卖狗肉""鸟不生蛋,狗不拉屎"等,都反映了"狗"在人们心里低下、卑贱的形象,甚至连狗为人类消灭老鼠,也被人们说成是"狗抓老鼠——多管闲事"。这大概是由于狗常常嘶吼并攻击占多数的陌生人集体,所以"集体"厌恶、憎恨之,于是就赋予"狗"较多的贬义色彩。

· 183 ·

当然,狗的背后是主人,你要打狗的话,还要顾及主人的面子,因此"打狗要看主人面",也就是说,要打狗的话,还要顾及主人的面子。意谓惩治某人时要顾及与之相关之人的情面。

五、老虎

老虎被称为"兽中之王",位居食物链终端,自然界中无天敌,只主动回避人类,一旦发威势不可挡。因此,"虎"成了"势不可挡、不可战胜、不容侵犯"的代名词。相传老虎是玉皇大帝的殿前侍卫,因它骁勇善战而被玉帝派到凡间,镇压邪祟,以保天下安宁。因虎性威猛无比,故古人多用"虎"来象征威武勇猛,如"虎将",喻指英勇善战的将军;"虎子",喻指雄健而奋发有为的儿子;"虎步",指威武雄壮的步伐。

但虎也经常伤人,因此人们对其往往敬而远之。俗话说:"老虎的屁股摸不得"。有些地方因为迷信,在说到老虎时,往往不敢直呼其名,而呼之以"大虫"。如今,在民间还有为保平安、趋吉辟邪而喜欢给孩子戴虎头帽、穿虎头鞋。此外,老虎也具有"凶恶"的特征,出于对老虎的惧怕与敬畏,汉语中也存在很多以"虎"喻凶险的词语,像"谈虎色变、虎口脱险、养虎为患、苛政猛于虎、伴君如伴虎、骑虎难下"等,体现了在落后的农耕时代,力量弱小的人类在面对强大的老虎时的恐惧。

六、牛

因"牛"在十二生肖中体积最大,也就有"牛刀小试、杀鸡焉用牛刀"等成语;同时因"牛"力大无穷,常用"九牛二虎之力"来表示"很大的力气"。又因为牛的脾气倔,所以形容某人脾气倔,则说"这人牛脾气"。还有"牛不喝水强按头"则比喻用强迫手段让别人做不喜欢做的事情。比如,《红楼梦》第四十六回:"家生女儿怎么样?'牛不吃水强按头吗'?我不愿意,难道杀我的老子娘不成!"

牛身上的毛细小繁多,因此常被用来比喻财物之多如"九牛一毛""九牛身上拔一毛",其中的"九"均为虚数,形容多数,从好多牛身上拔去一根毛,当然也就无所谓了,比喻"微不足道、无所谓、不在乎"。牛毛细小琐碎,汉语中也往往用"牛毛"来比喻事物琐碎、细密,如"牛毛细雨,点点入地"既形容细雨随下随渗入泥土,也用来比喻对某人某物的影响扎实而深入。

牛头上有牛角,这也成了"牛"的最主要特征,比如"牛"这个字的象形图案就是画的牛角的形象。而牛角尖细,没有出口,因此,"钻牛角尖"就比喻费力研究那些不值得研究或根本无法解决的不会有结果的问题,也比喻思想方法过于狭窄。

"牛粪"可作为种地的肥料,但牛粪毕竟臭烘烘的,所以要是"一朵鲜花插在牛粪上",那自然就不般配、不协调了。这条俗语就用来比喻"一个如花似玉的美女嫁给一个很差劲的男人",非常不般配、不协调,当然也带有一种很浓重的惋惜之意。

从前,杀猪宰羊,血放完了以后,屠夫会在猪羊的腿上靠近蹄子的地方割开一个小小的口子,用一根铁条插进去捅一捅,然后把嘴凑上去使劲往里吹气,直到猪羊全身都膨胀起来。这样,剥皮的时候就会很方便,这叫"吹猪"或"吹羊"。那么用这种方法对付牛,那自然就是"吹牛"了。但宰牛的时候,屠夫很少用这种方法,因为牛身体庞大,皮又很硬,皮下肥肉又少,要把整头牛吹得胀起来,是非常难的事情,谁要是说他能"吹牛",那自然就是"说大话"了。所以"吹牛皮"在汉语中即用来比喻不自量力或信口开河地说大话,有时也说成"吹牛"。比如,"你别吹牛了,你一个穷小子,人家一个富家小姐会喜欢你?"还有类似的相关俗语有:"牛皮不是吹的,火车不是推的""牛皮不是吹的,泰山不是垒的",都意谓做人做事"不能凭空说大话,要看真本事"。

七、马

"马"在中国文化中意味着"能干、精力旺盛、速度快",因此,"马"又是"能力、圣贤和人才"的象征,古人常以"千里马"来比喻不可多得的人才。"快马加鞭、一马当先、马不停蹄、驷马难追"都是借用了"马"的这种速度来形容和比较。

另外,"马"除了有出类拔萃的能力外,还忠心耿耿,比如汉语中有"汗马功劳、犬马之劳"的成语。而"好马不吃回头草"意谓"有志气的人绝对忠心耿耿,不会中途反悔,走回头路"。比如,古人云:"好马不吃回头草,既然已经辞职了,我绝对不会再回到原单位的。"

"马"珍情重义、忠于职守,是汉民族生命力的象征。成语"天马行空"代表了中国人淡泊自为的潇洒观念,而"龙马精神"则是中国人自古崇尚的自强不息的民族精神。此外,"马"还是中国古代战争中不可缺少的战斗力量,所以很多有马的成语都与战争有关,如"一马当先""单枪匹马""金戈铁马"等。

"马"当然要吃草的,那么如果"既要马儿跑,又要马儿不吃草",那就形容既想把事情办好,又想少花甚至是不花代价,这当然是不大可能的。比如,"老板,你先把上月工资发了吧?活儿这么累,你既要马儿跑,又要马儿不吃草。"

"马"和"驴"交配产下的后代动物是骡子,有雌雄之分,但是没有生育的能力,一般来说,"马"和骡子相比,"马"要比骡子更为高大迅猛。因此,汉语常用的一条俗语:"是骡子是马,牵出来遛遛"就是比较二者的优劣。遛遛:牵着牲畜或带着鸟慢慢走。该条俗语意谓"把骡子和马牵出来比试比试,看看谁更优秀"。比如,单田芳说书的《大明英烈传》:"什么目中无人?是骡子是马,咱得牵出来遛遛。谁不服气儿,到两军阵上见个高低!"

"马"是大牲畜,在汉民族的生产生活中有着重要的地位和作用,甚至在古代战争中都是不可或缺的,地位不可替代的。如果"马"病得很严重,甚至快死了,当然也要"死马当作活马医"了。以此来比喻病人濒临死亡仍积极救治,或明知没有希望仍做最后的尝试。

八、老鼠

老鼠,是杂食类哺乳动物,大约有五百余种,其中,家鼠与人类关系密切,具有极强的破坏力,属于有害动物,消耗人类的粮食,破坏大量财物,因此,老鼠又被称为"耗子"。因其给人们的生活带来很多麻烦,自然常常遭受人类打击,故"鼠"字头顶着一个"臼"字,意为"屡遭打击,总是击而不破,打而不尽"。正因如此,在汉语里,与老鼠有关的文化词汇均带有"胆小、卑微、不受人们欢迎、不够正大光明"的意思。

不仅人类不喜欢老鼠,"猫"与"鼠"也是死对头,因此汉语里又有了"瞎猫碰上死耗子"的俗语,意谓"某人的成功具有很大的偶然性"。正是因为人类不喜欢老鼠,故汉语中有很多成语用来描绘老鼠的"卑微、胆怯、狼狈、懦弱"的形象,比如,"鼠目寸光":形容目光短浅,没有远见。"抱头鼠窜":形容急忙逃走的狼狈相。"胆小如鼠":形容胆量极小。"贼眉鼠眼":形容神情鬼鬼祟祟。

但是"老鼠"在汉文化中也并非一无是处,因为"鼠"一个月产一窝小鼠,产仔多,故民间奉"鼠"为"子"神,将其列为十二生肖之首。旧时在年画上往往画"五鼠"(隐喻"五子")和"灯"(隐喻"灯火、香火","灯"与"男丁"的"丁"谐音,故汉文化中"灯"象征"子孙后代、绵延兴旺"),"灯"又谐音"登",所以画"五鼠上灯台",则暗寓"五子登科,子孙兴旺"之意。

九、蛇

蛇,因其令人毛骨悚然的外形,在中国文化中扮演了极不光彩的角色,所以那些与"蛇"相关的词语也都不能幸免,具有"狠毒、阴险"的含义。例如,"蛇蝎心肠、杯弓蛇影、打草惊蛇、虎头蛇尾"都表现了蛇的负面形象;特别是中国古代流传甚广的"农夫与蛇"的故事更是把"蛇"毒辣的品性深深地印刻在我们的记忆中。而"一朝被蛇咬,十年怕井绳"的俗语更是尽人皆知。"井绳":在水井中打水的绳子。意思是说,某人被蛇咬过一次后,很长时间见到类似蛇的井绳都害怕,比喻一旦受过伤害就对类似的事物或事件十分惧怕。

"蛇钻的窟窿蛇知道"深刻表现了对蛇的贬斥意味。"蛇钻的窟窿",蛇自己知道怎么爬。比喻自己做的事情,自己心里明白。

十、兔子

兔子周身毛皮柔软,耳朵长,眼睛红,三瓣嘴小巧而可爱,动作迅速而敏捷,因此在中国人印象中,兔子就是"可爱、机敏、乖巧"的代名词。比如,"穿兔子鞋——跑得快,赶兔子过山——快上快下"都说明了兔子娇小而灵活的特性。兔子的天敌是老鹰,因此,"不见兔子不撒鹰"意谓没看见兔子,就不把猎鹰放出去,比喻不到时机成熟时绝不轻易采取行动。

在古代,兔子代表"月亮","金乌"指"太阳",因此在中国传统文化中,兔子还有一个美好的形象,那就是月宫中的"玉兔",被中国文人寄托过无数思念的月亮上,有美丽的嫦娥和陪伴嫦娥熬过漫漫寂寞的"月兔",所以宋代梅尧臣《永叔白兔》中写道:"可笑嫦娥不了事,却走月兔来人间。"

当然,兔子的形象也不完全都是正面的,因为兔子体型较小,力量弱小,为保护自己自然就会左顾右盼,显得有些多疑狡猾,因此,汉语里有成语"狡兔三窟",语出《战国策》的名篇《冯谖客孟尝君》。文中冯谖说:"狡兔三窟,仅得免其死耳。今有一窟,未得高枕而卧也。"意思是狡兔有三窟才免去死亡的危险,你只有一处安身之所,不能高枕无忧啊!

另外,兔子的尾巴很短,这自然也是在长期的进化中形成的,因为短尾巴不易被人抓住,又方便在草木中快速奔跑。但是这一特点也被人们观察到,从而造出了很形象的歇后语:"兔子尾巴——长不了",多用来形容"邪恶的人或势力不会长久"。比如,"这些坏人光天化日之下坑蒙拐骗,无恶不作,但是'兔子尾巴——长不了',这伙人早晚会被公安机关彻底清理掉。"

十一、羊

"羊"是一种本性驯顺的动物,自出生起,便知"跪乳",即小羊每次吃奶都是跪着吃奶的,因此,古人以羊之"跪乳"比喻人之"孝义"。不仅如此,"羊"在古代还是祭祀的祭品,商周前无论是最隆重的祭祀"大牢"中的"三牲",还是不用牛的祭祀"少牢",都要有"羊",这表明"羊"在古人生活中的重要性是不言而喻的,而且要了解"羊"在中国文化的地位还可以从汉字着手,像"善、美、羡、祥、鲜"等,义为"善良、吉祥、鲜美"的汉字中均少不了"羊"字,这说明"羊"在人们心中是"善良随和、吉祥如意"的代名词。当然,由于"羊"跟人类的生活关系密切,汉语中自然也存在着很多与"羊"有关的俗语。比如:

【亡羊补牢,犹未为晚】亡:逃亡,丢失;牢:关牲口的圈。意谓在"羊"因为羊圈有漏洞被狼叼走了之后,再去修补羊圈,还不算晚。比喻出了问题以后及时想办法补救,还不算晚,还可以防止继续遭受损失。

【羊毛出在羊身上】羊毛是从羊身上剪下来的,并不是剪羊毛的人身上的。比喻拿对方的钱物,花在对方或与之相关的人身上,自己无需也不用出任何银钱。或者说,在表面上给了人家某种好处,但这种好处实际上已附加在人家所付出的代价里了。

十二、猴子

"好动、聪明、敏捷、机智、幽默"是猴子在中国文化中的隐喻特征。像《西游记》里的"孙悟空"是对猴子这些特性的最好诠释。又如"猴精":是像猴子那样机灵又精明的人。用机灵的猴子来比喻精明又机灵的人。而"猴急""猴子屁股坐不住""猴子吃辣椒——抓耳挠腮",这些词语都反映了猴子生性顽劣而又讨人喜欢的形象特点。

此外,"猴"和"侯"谐音,这又给"猴子"增添了一种吉祥的象征意义。因此,画一匹马,马背上站一猴子,这一图案寓意"马上封侯"。

猴子跟人类从外部特征来看,还是比较接近的,但相比人的长相,猴子的嘴巴尖尖的,脸颊很瘦削,实在是不好看。因此,人们就用"尖嘴猴腮"形容长得很丑、脸颊细瘦的人。

另外,猴子又似乎带有一点自大的特征,故人们也说"山中无老虎,猴子称大王"。因猴子顽劣自大,所以汉语中还有"杀鸡儆猴"的成语,意即通过杀掉鸡来吓唬猴子,即通过惩罚某人来警告其他的人。

十三、乌鸦

汉语中有"乌鸦嘴"这条俗语,形容"某人的嘴特可恶,好事说不灵,坏事一说就灵"。据说球王贝利就是著名的"乌鸦嘴",很多被他预测成为热门的球队、往往连小组赛都出不了线。例如:

【天下乌鸦一般黑】"乌鸦"比喻"贪官"。不管哪个地方的乌鸦都是黑的,比喻不管哪个地方的剥削者或贪官都是一样的坏。例示:

曹雪芹《红楼梦》第五十七回:"这更奇了,天下乌鸦一般黑,岂有两样的。"

其他的还有一些与昆虫有关的文化词汇,体现出汉民族睿智的思维和敏锐的观察力,反映出中国人对社会生活和周围环境的思考。比如在草丛间常见的"蚂蚱",又称为"蝗虫",中国人除将其作为美味摆上餐桌之外,在汉语中还造出了很多有关蚂蚱的俗语。比如"一条线儿拴俩蚂蚱",形容两个人关系非常密切,相互牵制,谁也跑不了。也说成"一根绳上的蚂蚱"。例如《儿女英雄传》第四回:"也不是我坏良心来兜揽你,因为咱们俩是'一条线儿拴俩蚂蚱',飞不了我,蹦不了你。"秋后天气转冷,蚂蚱将会被冻死。由此人们又造出了歇后语:"秋后的蚂蚱——蹦跶不了几天",形容某人或某团伙末日将到,带有浓厚的贬义色彩。比如,"这伙偷车贼是秋后的蚂蚱——蹦跳不了几天了,警方已经掌握了他们大量的犯罪事实,马上就要收网抓捕了。"

第五节　汉语植物词的文化积淀

　　植物世界是一个庞大、复杂的生态系统,占据了生物圈的大部分面积,给人类提供了生存必需的氧气以及食物和能量,从一望无际的草原到广阔的江河湖海,从赤日炎炎的沙漠到冰雪覆盖的极地,处处都有植物的生根之地。植物的种类繁多,不同的植物由于其独特的生存环境和外表形象的不同,往往给人以不同的联想。

　　汉民族在漫长的历史进程中,积累了大量有关植物的文化词汇。比如植物一般都有根、茎、叶,叶子总是落在根部,因此人们有了"落叶归根"的感慨,特别是飘零在外的游子,到了老年尤其渴望回归故土,正是这种自然天性的流露和映照。

　　再如松柏长青,历经严寒而不凋零,汉民族即用之表达对英雄烈士的仰慕、怀念,表明如同松柏长青一样,英雄永远不老,永远活在人们心中。另外,在生长习性上,松柏能耐严寒,目睹凌风傲雪、挺直长青的松柏,人们又自然地发出"岁寒,然后之松柏而后凋也"的慨叹,推及己身,让我们感叹那些历经苦难而不离不弃的朋友才是真正的朋友。

　　不仅如此,很多种植物还开花,人们从花的颜色、开花季节、花期长短等方面又自然地引申出众多的文化意蕴,比如牡丹象征"富贵",菊花象征"高洁",荷花象征"出淤泥而不染",不同流合污的高尚情操。鲜花娇艳而花期短暂又让人产生出"好花不常开、好景不常在"的感慨。下面我们就从树木花草等多种植物出发,举例阐述汉文化中有关植物词汇

第六章　地域文化类汉语词汇研究

的文化内涵。

一、柳树

汉文化中,柳树通常被赋予"分离、思念"的联想意义,因此,在古代诗词中,借柳树来抒发离别思念之情的诗很多,李白有词云:"年年柳色,灞陵伤别"。又如,北宋诗人柳永的《雨霖铃》中写道:"多情自古伤离别,更那堪冷落清秋节。今宵酒醒何处?杨柳岸,晓风残月。此去经年,应是良辰好景虚设。便纵有千种风情,更与何人说!"

柳树之所以具有这样的文化内涵,是因为中国汉字文化中的谐音造成的,"柳"与"留"谐音,表示"挽留"之意。在长期的文字使用过程中,将"挽留、离别、思念"等这样的含义赋予"柳树"也是很自然的。此外,风摆杨柳,柳枝飘悠,似风中挥手,以此情此景来表示主人对客人恋恋不舍、不忍相别之情,也恰恰反映了中国人喜欢"以物喻人,借景抒情,崇尚自然"的文化心理。

在汉代还有"折柳赠别"的风俗。杨柳是春天的标志,在春风中飘悠摇曳的杨柳,总是给人以欣欣向荣之感,因此"折柳赠别"也往往蕴含着"春常在"的祝愿。除此之外,柳枝易于成活,古人送行折柳相赠,也寓意亲人远去他乡,正如离枝的柳条一样,在新的地方能随遇而安,很快地生根发芽,好像柳枝之随处可活。因此,"折柳送别"也代表着一种对亲友的美好祝愿。这是古代的一种习俗,今天已不多见。

二、桑树

桑树的用处很大,除桑叶可以养蚕外,桑树的叶、果、枝、根、皮还都可以供药用。因此,桑树成为农家首选的绿化树种,历代统治者也均以鼓励民众大量种植桑树作为其政绩。因此,在汉语中产生了很多与"桑"有关的文化词汇。比如,"扶桑"是神话中太阳栖息的神树,因为太阳每天从东方升起,所以地处遥远东方的日本也就被称为"扶桑"。如王维《送秘书晁监还日本国》写道:"乡树扶桑外,主人孤岛中。"表达出自己对友人深深的牵挂与思念之情。

又如,汉语中还有"桑榆"一词。《淮南子》:"日西垂景在树端,谓之桑榆。"原指日落时余光正在桑榆之上,故以此喻"晚景",又称"桑榆晚景"。朱熹《诗集传》在《桑柔》篇中注释"桑之为物,其叶最盛,然及其采之也,一朝而尽,无黄落之渐。"也就是说,尽管桑叶繁茂,但是为养蚕所用,一朝就采光了,桑树没有像其他树木一样慢慢地掉光树叶。古代文人见此情此景,感时伤怀,联系到人生的倏忽而逝,便容易滋生出感伤之心,后来多用"桑榆"来比喻"人之暮秋、人生暮年"。比如,唐代刘禹锡《酬乐天咏老见示》中写道:"莫道桑榆晚,为霞尚满天。"

三、松树

松树与竹子、梅花三种植物,被称为"岁寒三友"。因这三种植物在寒冬时节仍可保持顽强的生命力而得名,是中国传统文化中高尚人格的象征,也借以比喻忠贞的友谊。松、竹、梅合成的"岁寒三友"图案是中国古代器物、衣物和建筑上常用的装饰题材。

松树有着极强的适应能力,无论生长环境多么恶劣,都能傲然挺立,因此也有"岁寒松柏"的称号。《论语·子罕》:"子曰:岁寒,然后知松柏之后凋也。"形容只有经过严冬,才知道松、柏能够耐寒。比喻只有经过严峻的考验,才能看出一个人的品质。陈毅元帅的五言诗《青松》:"大雪压青松,青松挺且直,要知松高洁,待到雪化时。"更是赞颂了中国人坚韧不拔、宁折不弯、刚直豪迈的性格,表现出中国人不畏艰难、愈挫弥坚、坚强奋发的精神。在中国文化中"松"四季常青,又常常喻指"老人长寿",如"松鹤延年""松龄鹤寿""松乔之寿""松柏之寿""乔松之寿"等词语均称颂老人年高寿长。

松树具有很高的观赏价值,在中国,从皇家古典园林到现代居民家中都能见到松树的倩影,"鹤发松姿""鹤骨松姿"这一类词就是赞扬松树苍劲挺拔的外形和凌霜傲雪的风骨。

四、梅、兰、竹、菊

"梅、兰、竹、菊"在中国文化中被誉为"花中四君子",是中国画的传统题材。梅花较耐寒,花开特别早,在早春即可怒放,它与"松、竹"一起还被称为"岁寒三友"。

"梅花"不畏严寒,经霜傲雪,颜色洁白,并散发淡淡清香、人们常用"梅"象征"高雅纯洁"。很多中国文人都不惜笔墨赞扬梅花,像"梅花

第六章　地域文化类汉语词汇研究

香自苦寒来""疏影横斜水清浅,暗香浮动月黄昏""遥知不是雪,唯有暗香来"等,梅花也因此象征"高贵"。

梅花高雅纯洁,暗香袭人,清丽脱俗,可惜好花不常开,每年只有一次花期。要是梅花每年花开两次,那自然是令人高兴的事了。因此,在汉语中有一条俗语"梅开二度",意谓同一件令人高兴的事成功地完成了两次。这俗语在足球评论中尤为习用。意指在某一场足球比赛中,一名球员踢进去两个球。

语源:"梅开二度"源于惜阴堂主人所编的小说《二度梅》,京剧、越剧中也均有此剧目。小说《二度梅》的剧情非常浪漫,描写了梅良玉与陈杏元曲折浪漫的爱情故事:说的是唐朝时候,梅良玉的父亲被奸臣所害,他侥幸被人救出并被送到其父好友陈日升家中寄居。梅良玉在梅花盛开后又被狂风吹落的夜晚祈祷:若梅花重开,其父冤情将得以昭雪。良玉的诚心感动了天地,结果真的满园芬芳,梅开二度!这是个吉兆,梅良玉最终学成进京,中了状元,最后还和陈日生的女儿陈杏元结为琴瑟之好,因此,"梅开二度"是一种赞美用语,带有明显的褒义色彩,它象征着成功、美好和幸福。

"兰花"淡雅清香,多长于旷谷幽涧中,人们常以兰花象征"幽静、纯洁、典雅",也时常被喻为君子,所以人们画兰花,一般都寄托一种优雅高洁的情操,如楚国诗人屈原就以"秋兰兮清清,绿叶兮紫茎,满堂兮美人"这样的诗句来咏兰。

"竹"因其高直挺拔、质地坚硬,所以人们用竹来象征"正直、坚贞、有骨气",古人也爱借咏竹来表达自己坚贞、高洁的志向。像古人有"唯有团团节,坚贞大小同""不随妖艳争春色,独守孤贞待岁寒"等名句。另外,竹子有很多竹节,因此人们逢年过节喜欢赠予他人,喻指"节节高升"。

"菊花"耐寒,特别是当众芳过尽、各种草木凋零之时,菊花则以一种傲人的姿态开始绽放,清香飘逸。秋末的寒冷愈加衬托出菊花坚毅、清雅、淡泊的高尚气节。因此,很多文人偏爱菊花,像东晋陶渊明的"采菊东篱下,悠然见南山",恬适淡泊的隐居生活,清新自然的田园风格,流露出陶渊明像菊花一样高风亮节的品格和淡泊名利的追求。

五、牡丹

牡丹雍容华贵、富丽端庄、芳香浓郁,素有"国色天香""花中之王"的美称,以一种不可企及的高贵姿态鹤立于百花之中。千百年来,它不仅是"美丽"的代言人,也历来是古代人民心中"吉祥幸福、繁荣昌盛"的象征。自古便有"赏牡丹、咏牡丹"的习俗。柳浑在《牡丹》中写道:"近来无奈牡丹何,数十千钱买一颗。"白居易《买花》中也有:"一丛深色花,十户众人赋",买一丛艳丽的牡丹,竟要花掉十户中等人家的税。可见当时唐朝,人们非常喜爱牡丹,而且牡丹价格高昂,绝不是平民百姓可以赏玩的,因此牡丹又有"富贵花"之称。

六、莲花

莲花"出淤泥而不染"的特性被很多洁身自好的文人引以自喻,其高洁的品质如同它的清香流传了千百年,"从来不著水,清净本因心"。

周敦颐在《爱莲说》中也写道:"予独爱莲之出淤泥而不染,濯清涟而不妖,中通外直,不蔓不枝,香远益清,亭亭净植,可远观而不可亵玩焉。"文章形象地点出莲花"纯洁、正直、清雅、谦虚"的特质,此后,人们便以"莲"喻指"清正廉明,不同流合污"。

七、红豆

"红豆"代表了"相思"之情。比如唐代诗人王维的诗:"红豆生南国,春来发几枝。劝君多采撷,此物最相思。""红豆"成为"相思子",是源于一个古老的传说。相传,古时有位男子出征,其妻朝夕倚于高山上的大树下祈望;因思念边塞的爱人,哭于树下;泪水流干后,流出来的是粒粒鲜红的血滴,血滴化为红豆,红豆生根发芽,长成大树,结满了一树红豆,人们称之为"相思豆"。日复一日,春去秋来。大树的果实,伴着姑娘心中的思念,慢慢地变成了最美的红色心形种子——"相思豆"。从此,"红豆"在诗人笔下寄托了无尽的爱恋与情思。

第七章　汉语词汇与中外文化交流

汉语作为一门语言,随着中国国际影响力的不断增大而受到了越来越多人的关注。很多国外人士为了深入了解与熟悉中国文化,都开始认真学习汉语,在此过程中,就避免不了对汉语词汇的学习。因为汉语词汇本身就蕴含着丰富的民族文化内容。本章重点研究汉语词汇与中外文化交流,包括汉语交际的礼貌语、社交汉语的文化透视、汉语外来词的文化探究。

第一节　汉语交际的礼貌语

中国自古就被称为"礼仪之邦"。热情有礼是中华民族的美德和良好的社会风尚。子曰:"有朋自远方来,不亦乐乎。"(《论语·学而》)孔子这一句话充分体现出中国人的好客。

在人际交往方面,使用礼貌语言是文化价值层面的行为,它会使人际交往更成功,取得更好的效果。自古以来,汉语在交际文化中形成了一套习惯性礼仪语,为人们广泛采用。

一、敬词

在称呼他人时,古代多用敬词。即使在今天,也仍有人在采用。这方面的敬词较多,比较常用的如下。

(1)令——用于称呼对方的亲属,有善美的意思。例如:

称别人父亲为令尊、令翁。
称别人的母亲为令母、令堂、令慈。
称呼别人的妻子为令妻、令正、令阁。
称对方儿子为令郎、令子、令嗣。
称对方的女儿为令媛、令嫒。
称呼对方的女婿为令婿。
称对方的兄弟姐妹为令兄、令弟、令姊、令妹。

（2）尊——"凡与人言,称彼祖父母、世父母、父母及长姑,皆加尊字;自叔父母以下,则加贤字。"(《颜氏家训·风操》)例如：

称对方祖父为尊祖,父亲为令尊、尊父、尊翁、尊大人、尊大君,母亲为尊堂、尊上、尊夫人(今用于称呼对方的妻子)。

（3）贤——称对方叔父以下。例如：

贤叔、贤足、贤弟、贤姊、贤妹、贤侄。
称对方妻子为贤内助、贤阁。

（4）贵——用于指对方姓名、年龄、身体、出生地,"贵"也属于敬词。例如：

贵姓(也可以说尊姓)、贵庚(年龄)、贵府、贵体、贵国、贵乡。

此外,也可以用于对方单位：

贵校、贵厂、贵报、贵方。

（5）玉——美好的意思。例如：

玉体(称对方的身体)、玉颜(称对方的容貌)、玉音(称对方的言辞)、玉札(称对方的书信)、玉趾(称对方的脚步)。

二、谦词

在传统的交际文化语言中,在相互交谈或书信往来中,除了对他人要使用敬词和尊称之外,对自己要用谦词自称,以显示谦逊礼貌。

(一) 愚

用于表示自我的谦称,如"愚以为宫中之事,事无大小,悉以咨之。"(诸葛亮《出师表》)还用于表示自己阅历较浅,涉世不深的见解、认识,如愚见、愚意等。今天,人们在书面交际语中还采用,如愚见、愚以为不可。对他人称自己人也可谦称之,如愚兄、愚姐、愚伯等。

(二) 敝

用于个人或单位、国家的自谦,如敝人、敝处、敝国等。"敝国虽狭,地方三千里。"(《史记·吴王濞列传》)。今天,此词仍为人采用,多见于书面交际语中,如敝姓、敝校、敝人、敝学友等。

(三) 窃

用于个人的自谦词,包括个人的见解、思考、听闻,如窃谓、窃见、窃思、窃闻等。今天,此词仍在一些书面交际语中使用,如窃以为、窃谓、窃胆小等。

(四) 晚

用于后辈对前辈、下层对上级的谦词,如晚辈、晚生。现代的书面交际语中仍有人在使用。

此外,还有"家""舍""小"的谦称。对他人称自己的长辈和平辈均要冠一个"家"字,如家父、家兄、家伯父、家母等。若对他人称自己的小辈,均用"舍"或"小"谦称,如舍侄、舍妹、小儿、小弟、小婿等。[1]

---

[1] 马丽.中古汉语称谓词交际功能研究[M].杭州:浙江工商大学出版社,2019.

三、祈求性的礼貌语

在现代汉语口语中,常用的祈求性礼貌语有:

请——请代为转达、请坐、请进、请帮忙、请一定来。
劳驾——"劳驾,让一下""劳驾,把那东西拿给我"。
麻烦——"麻烦你替我寄封信""麻烦你带来"。
拜托——"这件事拜托你了"。
关照——"请多多关照"。

四、宴请场合的礼貌语

在我国传统文化习俗中,宴请时的礼貌用语里还流行一种祝辞,即用优美的词语祝贺宴请的主人或他人。这种祝辞大多数是宴请时举杯口头说出来,但也有书面写贺联,下面简介几种不同宴请的礼貌祝辞。

(一)寿宴祝辞

福如东海,寿比南山。
天地比寿,日月同春。
寿星高照,身心愉快。
子孙贤又孝,全家乐融融。

(二)婚宴祝辞

龙凤呈祥,金玉良缘。
志同道合,白头偕老。
喜迎东风双飞燕,且喜今日结良缘。
心朝旭日并蒂莲,新婚喜日月儿圆。

第七章　汉语词汇与中外文化交流

（三）开业宴祝辞

开业大吉，财源广进。
自食其力靠经营，遵纪守法百路通。
信息灵通财源广，质优价廉声誉红。
利国利民又利己，大吉大利大繁荣。

（四）友谊宴祝酒辞

焕发精神，雄才大展，前程似锦。
锐意进取，勇于拼搏，马到成功。
工作顺利，家庭和睦，万事如意。
友谊长存，青春永在。

第二节　社交汉语的文化透视

汉语的社交语言是丰富多彩的。如果我们深入地去挖掘旧式书信中的礼貌用语，不难发现其中蕴藏着更为丰富的礼仪语言。仅以书信开头的礼仪用语而言便有：××大鉴、惠鉴、台鉴、雅鉴、尊鉴、青览、英鉴、××大人尊前、××大人膝下、××收览、××表嫂大人妆次等。与其他语言相比较，汉语可以说是社交礼貌用语很发达的一种语言。

汉语的社交用语，尤其是人际称谓词，无不反映汉民族社交文化的传统观念。它与中国传统社会的重视文化习俗、自我贬抑、重宗族观念、避名的文化心态等有密切的关系。

一、亲属称谓的社会化，标志宗族文化精神在汉民族中根深蒂固

亲属称谓本只是用于有亲属关系的人们之间。然而，在汉语中，亲

属称谓却扩大到非亲属的人与人之间,成为社会上广泛使用的通俗社交称谓。这种现象,在其他语言中也是极少见的。

在古代社会中,民间社交口语称老人为"老爹";称同辈友人为"大哥""老哥""小弟";称老太婆为"奶奶""婆婆";称姑娘为"妹""阿妹"等等,都是亲属词社会化的表现。唐宋以来,社会上人际交往使用亲属称谓便已相当流行。

在现代社会交际中,称年纪大的老人为"老大爷""大娘""大妈";称比父亲年长的男性为"伯伯",比父亲年少的男性长辈为"叔叔",称与父母同辈的女性为"阿姨";称比自己年长的非亲属同辈女性为"大姐""姐姐",年少的女性为"小妹""小妹子"等。同龄友人,可以相互称呼"老兄"或"老弟"。所有这些,都是亲属称谓词社会化的表现。

如今社会上还进一步泛化亲属称谓。例如:

爷:款爷、倒爷、板爷、侃爷、股爷。
婆:富婆、肥婆。
哥:帅哥、的哥、吧哥。
姐:空姐、的姐、网姐、港姐、靓姐、富姐。
妹:打工妹、外来妹、吧妹、辣妹。
嫂:军嫂、空嫂、警嫂。

中国人运用亲属词相称,彼此容易产生一种亲近感。称他人为大哥、大姐或叔叔、阿姨,有一种把对方当作自己一家人的意味。在中国人的心目中,家庭有重要的地位,亲属称谓被作为亲切的称呼。因此,一个人若能被别人称呼为"叔叔""阿姨""姨"或"大哥""大姐",一股暖流就会在心中油然升起。显然,这体现出中国人重宗族、重亲缘人际关系、重社会和谐的心态。在今天,它是历史上宗法社会文化的一种积淀。

二、古代社会交际中的避名习俗,反映汉族人对名字的神秘感

古代社会称谓词除了有对他人的尊称之外,还有另一现象,即避名。古代尊称别人为"阁下""先生""官人",就表示不敢冒昧地叫人家的名字。即便是很熟悉的友人,两人在一起,也常常是用各种尊称相互称呼,避开名字不叫,而口口声声"贤兄""贤弟"。现代社交中,称名道姓,直呼对方的名字的现象十分普遍,如"小丽,你去哪儿？志纲,我明天上医院。""培培,你好！"这种朋友间直呼名字的现象,在古代是较罕见的。

  古代社交中的避名习俗,反映古代中国人对名字所具有的一种神秘感。自阴阳家出,人们相信名字是代表命运的,名字同生命一样宝贵,不可轻易让人喊叫。于是古代社交中多有避名习俗,这也许是古代为什么会有那么多社交称谓的原因之一吧。由此看来,汉语社交的语言特色同汉民族传统文化有很密切的关系。[①]

第三节　汉语外来词的文化探究

  汉语中有不少外来词,也叫借词,即借用其他民族的词语。凡是源自其他民族,语言形式全部或部分借自其他民族,在不同程度上汉语化,而且在汉语群中使用并已经确定下来的词语,均可视作外来词,包括那些只借文字之形而不借其音的日语汉字词语,因为它们同样源自他国,只不过使用的是与汉语字义、字形基本相同的汉字及构词方式,而容易被误认为汉语本土词语。

  这些从异域外国舶来的词语,犹如来自异域的使者,乃是记录中国和其他国家间物质文化、精神文化交流内容的见证。根据郭沫若先生考证,早在先秦时代屈原的《离骚》中就已显现出古华夏民族与古代巴比伦族的某种联系,因为其中的十二岁名与十二月名均与古代巴比伦首创的十二宫名与月名在读音上极为相似。尽管这还只是推论,但中国早在远古时代就与西域各国有着交通关系,却是考古学已经认定的,在语言中存有某些外来成分不足为奇。

一、丝绸之路上的古汉语借词

  早期的文化交流一般始于物质形式,因为物质方面的内容最易显现异域特色,它们可以作为馈赠的礼物或买卖的奇货被异族人认识和了

[①] 汪大昌.语言的历史文化分析[M].合肥：安徽教育出版社,2015.

解。所以最先进入汉语词汇中的外来词往往代表异域的某些珍奇物产。比如"葡萄""石榴""苜蓿""琥珀""玛瑙""狮子""猩猩""祖母绿""安息香""安息雀"等，均为产于西域的植物、动物、珍宝、香料。因为外在的形式掩盖了它们真正的身份，以致今天的人们几乎很难察觉到它们并非正宗的汉语词语了。那么，这些词语是怎么从遥远的西域来到中国的呢？

　　早在公元前139年，汉武帝就已经派张骞出使西域，此后便开始了中国与西域各国交流的历史。随着丝绸之路的开通，域内外物质文化和精神文化上的互通有无更加频繁，并在唐代达到高峰。对于当时的汉人来说，西域的珍宝、草木、禽兽、香料等物产，以及饮食、风俗、音乐、舞蹈、美术等文化制度都是奇异新鲜、闻所未闻的。随着这些陌生的物质及文化的大量流入，汉语中相应的称呼问题也产生了。于是，在长期的历史发展过程中，大量的外来词也应运而生。这些外来词有些是借音，有些是借意，经过漫长的交融，有相当一部分已经完全融入汉语词汇中去了。比如人们颇为爱吃的葡萄，明代李时珍在《本草纲目·果五·葡萄》中说"葡萄……可以造酒，人饮之，则陶然而醉，故有是名"。这种解释显然是想当然的。实际上"葡萄"是古代的外来物，其名源于古代大宛国语的音译，本被音译作"蒲桃"或"蒲陶"，几经转写，便成了今天的模样了。

　　再如石榴，在我国民间向来是多子多福的象征，几乎没人会想到它也是个外来名词。据陆机《与陆云书》，"张骞为汉使外国十八年，得涂林，安石榴也"。可见石榴传入中国的年代已十分久远。因此物从安息国（伊朗高原古国）、石国（今塔什干）引进，故名安石榴，又称海石榴，后简称石榴。

　　还有苜蓿，古大宛语buksuk的音译，也是从西域输入汉土的有名的物产。《史记·大宛列传》载："俗嗜酒，马嗜苜蓿，汉使取其实来，于是天子始种苜蓿、蒲陶肥饶地。"苜蓿原是大宛国马的饲料，汉武帝元朔三年，张骞出使西域从大宛国带回苜蓿的种子，后逐渐普及中国民间，广有种植。"苜蓿"一词沿用至今已逾两千年。

　　其他一些动物、宝石、香料、草药的音译外来词，如"狮子""猩猩""安息雀""祖母绿""琥珀""安息香"等，追本溯源，均是西域各国的物产在古汉语中留下的语言遗迹。

　　描绘西域物产的借词到了唐代依然盛行。唐代史籍中，保留下了

第七章　汉语词汇与中外文化交流

大量物质文明方面的借词。比如"菠菜",原名菠棱菜,源自尼泊尔语 palinga,古时称尼泊尔为"菠棱国"或"泥波罗",《新唐书·西域传》曾记载贞观二十一年由尼泊尔"遣使入献波棱、酢菜、浑提葱";"幕离(亦作冪离)",音译词,是一种用缯巾做成的笠状大方巾,可以掩蔽全身,来自波斯;"长裙帽",意译词,来自吐火罗国,帽子周围垂网;"白皮帽",男子戴,来自波斯;"窟莽",即椰枣树,波斯语;"齐墩果",即油橄榄,借自波斯语。

与西汉时期有所不同,唐代的借词不再局限于物质层面,而涉及了音乐舞蹈等艺术领域,说明唐代的中外交流有广泛的文化内容。例如,舞蹈方面的名称就有：

胡腾舞：来自石国。由男子独舞,以跳跃腾踏动作为主。唐刘言史《王中丞宅夜观舞胡腾》诗："石国胡儿人见少,蹲舞尊前急如鸟。"

胡旋舞：来自康国、米国。以各种旋转动作为主,故名。唐白居易《新乐府·胡旋女》诗："弦歌一声双袖举,回雪飘摇转蓬舞。左旋右转不知疲,千匝万周已无时。"

柘枝舞：来自石国。为女子独舞,舞姿矫健,节奏多变,大多以鼓伴奏。

狮子舞：源自西域。"狮子"这一动物本来就不是产自中国本土,狮子舞自然也源于域外。唐代以后盛行于中国各地,并逐步改革成为今天的半杂技、半舞蹈的形式。某些地区至今依然称引舞者为胡人或达摩。

唐代国力强盛,首都长安热闹繁华,聚居着相当多的各国使臣、商人、乐师、画工,最多时竟占长安总人口的百分之五。因此,长安、洛阳等大城市里的衣、食、住、行无不受西域之风的熏染,胡音、胡舞、胡食、胡服一时间成为当时汉族民众竞相追捧、流连沉醉的异国声色。大量的文化艺术方面的外来词语,正是这种开放的世风,西域与中土的文化交流达到了前所未有的高峰的明证。

从上古至中古时期汉语中的外来词上可以看出,不同民族的文化交流中,最先也最易为双方所接受的主要是物质文化产品,尤其是饮食、服饰,只要可口、好看,一般是不会被拒绝的。音乐舞蹈绘画等文化艺术的输入相对要滞后一些。但作为声色娱乐方面的一种精神享受,经过一段时间的选择之后,依然能经过改造而在异域扎根下来。文化交流的进一步深入则体现在意识形态领域内的思想传播和影响,佛教在中国本土的传播便属于这一类。

二、西学东渐与近代外来词

近代外来词同佛教外来词一样,最初是出现在翻译著作上的。翻译是外来文化传入本土的先导。由于官方对翻译机构的支持和对出国留学人员的培养,使得清代末年翻译人才辈出,译著和双语词典也大量涌现。由魏源组织编写的《海国图志》60卷中已出现了许多新译名,如法律、文学、政治、新闻、铁路、公司、贸易、出口、国会等。著名的翻译家严复的译著中亦有许多颇有影响的译名,如亚摩尼亚、乌托邦、逻辑、图腾、板克(银行)、啤儿(啤酒)、加非(咖啡)、勺克力(巧克力)等。这些工具书及译著中的新名词对于促进当时国人了解西方科技和新事物功不可没。

早在明清时代(约16世纪),中国与西方先进文化的接触就已经开始。通过来华的传教士,如意大利人利马窦及一些西方学者对西方科技书籍的译介,深入了解到西方物理学和机械制造的原理。不过,这类文化的输入始终未能形成太大的势头,直至1840年的鸦片战争,中国闭关锁国的状态被西人的坚船利炮所摧毁,伴随而来的是一系列丧权辱国的不平等条约的签订。当然,与此同时,西方近现代的先进文化也蜂拥而至,其数量之多,所涉领域之广,影响之大,都远远超过了这以前的各种外来文化。除了生活方式、文学艺术、哲学宗教以外,新的外来文化还涉及社会制度、意识形态、科学技术、理论学术等诸多领域,为古老的中华民族带来了一次从物质到精神的全面冲击。中国社会在这些外力的冲击下逐步向着近代社会转型,相应地,中国语言也步入了一个新的阶段,从词汇到句式,甚至语法都已接近现代汉语。外来词的大量增加及形式上的改造就是这一变化的一个方面。

近代外来词进入中国的途径不一,其形式也表现为多样化。最初多以音译的形式出现,如上举严复译著中的例词。其他还有许多来自政治、经济、军事、科技、医学、文艺、体育、日用方面的音译词:

塞因斯:音译自英语 science,科学。

第七章　汉语词汇与中外文化交流

狄克推多：音译自英语 dictator，独裁者。
德谟克拉西：音译自英语 democracy，民主。
哀的美敦书：音译自英语 ultimatum，最后通牒。
苦迭打：音译自法语 coupdetat，政变。
杯葛：音译自英语 boycott，抵制。
坦克：音译自英语 tank，履带战车。
德律风：音译自英语 telephone，电话。
麦克风：音译自英语 microphone，微音器，也叫话筒。
马达：首译自英语 motor，电动机。
阿司匹林：音译自英语 aspirin，解热镇痛药。
歇斯底里：音译自英语 hysteria，
蒙太奇：音译自英语 montage，电影画面剪辑技术。
卡通：音译自英语 cartoon，动画片。
华尔兹：音译自英语 waltz，一种双人交谊舞。
费厄泼赖：音译自英语 fair-play，公平比赛。
开司米：音译自英语 cashmere，羊绒制的料子。
布丁：音译自英语 pudding，西点。
白脱：音译自英语 butter，牛油。
沙拉：音译自英语 salad，凉拌生菜。
司的克：音译自英语 stick，拐杖。
扑克：音译自英语 poker，一种游戏纸牌。
沙发：音译自英语 sofa，软靠椅。
水门汀：音译自英语 cement，水泥。

　　长期以来，比邻日本一直靠汲取中国语言文化养料来发展自身。在明治维新运动的推动下，又异常迅猛地掀起了学习西方先进文化的浪潮，"广采他善"的步伐远远走在了中国的前面。甲午海战败给日本之后，清政府不得不开始正视这个过去一向瞧不起的邻国，并派出大批留学生东渡日本学习西方科技。至此，日语来源的汉字词便通过留学东洋的中国学者，源源不绝地流入中国。其中一些是日本人借用现成的中国古代汉语词汇去意译西方的外来概念，这些词大都已改变了原来的古代汉语词义，变成了新的汉语词汇，可谓"旧瓶装新酒"。比如：

文化：《说苑·指武》篇中有"凡武之与，为不服也，文化不改，然后加诛。"意为文治教化，用以表示英语 culture 的概念。

经济：本为经世济民之意。《晋书》中有："起而明之，足以经济"。李白诗"令弟经济士，谪居我何伤"。译英语词"economic"。

封建：古汉语原义为王者将国土划分区域，分封给诸侯，建立各自的诸侯国。用来译"feudalism"一词，与原义相差甚远。

革命：《易经·革卦》："汤武革命，顺乎天而应乎人。""变革天命"的意思，被用来意译英语 revolution 一词。

教育：《说文》："教，上所施，下所效也；育，养子使作善也"。译英语 education 一词。

三、当代外来词的新面貌

新中国建立以后，随着政治上的剧变，汉语中外来词的语源也发生了很大的变动。从 20 世纪 50 年代到 60 年代，由于中苏的结盟，使得俄语来源的外来词占据了主导地位。比如：

杜马：俄国议会。
康拜因：联合收割机。
布拉吉：连衣裙。
喀秋莎：移动式连发火箭炮。
拖拉机：轮式或履带式动力牵引机。
布尔什维克：共产党员。

还有更多的俄语外来词是并不常用甚至是昙花一现的。中苏关系恶化之后，俄语对汉语的影响就很小了。

20 世纪 80 年代以来，随着改革开放政策的施行，中国恢复了与各国的交往，语言接触和外来词的引入也呈现出多元化倾向。各种音译或意译的外来词从不同渠道冲击着汉语的词汇库。这些外来词主要源于英语，其次是日语，最初多为物质方面的外来事物。例如：

香波（shampoo）、摩丝（mousse）、T 恤衫（T-shirt）、比基

第七章 汉语词汇与中外文化交流

尼(bikini)、三明治(sandwich)、汉堡包(hamburger)、比萨饼(pizza)、扎啤(jarbeer)、麦当劳(Macdonald)、可口可乐(coca-cola)、百事可乐(pepsi-cola)、快餐(fast-food)、的士(taxi)、巴士(bus)、迪斯科(disco)、卡拉OK(karaoke)、桑拿(sauna)、按摩(massage)、席梦思(Simmons)、电视(television)、录音机(recorder)、空调(air-conditioner)

随着改革开放的深入,外部世界对中国的影响就不仅仅停留在吃、穿、住、行等物质层面上了。比如电脑的普及,就为汉语词汇系统增添了一系列的专业术语,它们基本上属于意译的外来词。例如,菜单、回车、硬件、软件、键盘、兼容、光盘、软盘、硬盘、视窗、主机、文档、调制解调器……放眼望去,政治、经济、科技、信息、法律、环境、教育、体育、医学、军事、艺术、娱乐等领域也无一不被外来事物和外来词语所渗透。请看:

经济教育类外来词:峰会、财团、代理、托福、雅思

科技信息类外来词:数码、纳米、孵化器、基因、芯片、数字地球虚拟现实、航天飞机、太空人、空间站

医学环保类外来词:克隆、转基因、艾滋病、疯牛病、二恶英、温室效应、厄尔尼诺、可持续发展、资源共享、生物入侵、代际公平

文体娱乐类外来词:保龄球、蹦极、汽车拉力赛、秀、动漫、料理、企划、行为艺术、音乐电视

电脑网络类外来词:电脑、网络、多媒体、互联网、电子邮件

近年来,世界格局发生了巨大变化,科学技术飞速发展,空间距离不断缩短,人类已经进入了一个信息时代,国际的沟通和交流变得更加简单易行,这一切正为人们今天和未来的生活带来巨大的变化。

时代的变迁还造就了许多特殊的人群,他们或从事特殊职业,或属于特殊阶层,或标榜个性,行为方式生活方式特立独行。这些人的存在同样造就了一批特殊的外来词。例如:

白领:在高级企业办公室工作、收入较高者。

丁克族:源自英文缩写DINK,意为夫妻双方均有较高收

入,但不生养孩子的家庭或人群。

　　自由职业者:不受雇于任何单位,自己为自己工作的人。

　　有些外来词是以前所未有的新鲜形式进入汉语的。由于时代发展的迅疾,它们未及转译便直接以原文的缩略形式进入人们的生活中。例如,CT(电脑断层扫描)、GRE(研究生资格考试)、MBA(工商管理硕士)、NBA(北美职业篮球联赛)、IT(信息产业)、MTV(音乐电视)、KTV(卡拉OK包房)、VCD(可视光盘)、DVD(数码可视光盘)、DIY(自己动手)、WTO(世界贸易组织)等。尤其是在网络语言中更是充斥着这类网民自创的字母式外来词:

　　　　thx: thanks
　　　　u: you
　　　　oic: oh, I see
　　　　CU: see you
　　　　F2F: face to face

四、汉语外来词的形式结构

　　由于汉语是非拼音文字,不可能像英语一样对外来词持一种"拿来就用"的态度。从语音上说,外来词的读音必须要服从汉语的语音形式。而汉民族的思维方式和汉字独有的表意性,又往往促使外来词在构成和书写形式上走与汉语词语逐渐融合甚至同化之路。

　　以近代欧美语言为例,最初有相当数量的外来词是采取纯音译法的。当然这里的"音"只能是汉语的近似读音,加上有些译者本身带有方音,致使这些音译词或多或少脱离了原词的语音形式。比如,"沙律""赛因斯""白脱""赛璐璐""麦克风""扑克""加仑""淋巴""拷贝""雷米封""费厄泼赖""歇斯底里""蒙太奇""阿斯匹林""沙龙""狄克推多""白来"等等。这些外来词音节多且发音古怪,词素之间又没有意义关联,对于习惯使用表意文字的中国人来说,实在是拗口、别扭,一看之下还不解其类、其义。为了方便读者理解,一些译者自觉地在外来词的译法上进行了改造。这类词有的是用半音译法,有的是采用谐音音译法。采用半音译法的如:

第七章　汉语词汇与中外文化交流

啤酒："啤"音译了英语词 beer,词汇材料"酒"则意译了 beer 一词的类属意义。

爱克斯光："爱克斯"是英语词 x-ray 的前半部分的音译,词汇材料"光"则意译了后半部分"ray"的意义。

上举两例稍有不同,"啤酒"是对整个英语词做了音译之后再加上部分意译来表明词义。而"爱克斯光"则是对一个英语词的一部分作音译,一部分作意译。二者的效果一样,能够让人一望而知该词的基本意义。这两类例子还可以举出许多:"沙丁鱼、卡片、芭蕾舞、贝雷帽、基督教、吉普车、道林纸、加农炮、华尔街、酒吧、高尔夫球"等。

谐音音译法是一种十分高明、巧妙的译词法。它是把音译的音节材料和意译的词汇材料糅合在一起,即在音译一个词时,所选的声音材料既贴近原词的声音,同时又作为词汇材料在某种程度上表明或暗示原词的意义。这种译法的词有一部分是纯音译词。例如:

乌托邦:英语词 Utopia,与汉语音节 Wutuobang 音近,同时,"乌"可表示"无","托"可表示"寄托","邦"可表示"国家"。

绷带:英语 bandage,汉语音节 bengdai,两者音近。"绷"是将布类织物张紧,"带"则表示布、皮、毛类的扁平条状物。

佃农:英语 tenant,汉语 diannong,两者音近。"佃"意为向地主租种土地,"农"即"农民"。

还有一部分是用在半音译词的音译部分上。例如:

踢踏舞:"踢踏"音译英语词 tittup,同时又带有脚步动作"踢"(ti)和"踏"(ta)的意义,概括了这种舞蹈的基本动作。

霓虹灯:英语词 neon 的音译为霓虹(nihong),同时又带有意义,指大气中的光彩现象,接近原词五颜六色的彩灯的意义。

这两类词还可以举出"可口可乐(coca-cola)、"幽默"(humor)、引得(index)、连诵(liaison)、维他命(vitamin)、的确良(dacron)、浪漫史(romance)、引擎(engine)、俱乐部(club)等。

这种巧妙的译词法，不仅克服了纯音译词难以表意的弱点，而且还给词义带来了饶有风趣的内部形式，染上了汉语的特色。当然，还有一类采用纯粹意译法的外来词，就更具有本土特色了。

英国语言学家、语义学奠基人之史蒂芬·乌尔曼曾把词分为"隐性词"和"显性词"两类。他认为"每一种语言都包含在语音与语义之间毫无联系的约定俗成的隐性词，同时也含有至少在一定程度上有理据的、因而是显性的词语"。根据这样一个概念，汉语大概要算作一种显性词十分发达的语言了。在汉语本土词语中，像"顶针""手套""山腰""离婚""独身""原因""导火线"这样一望而知其义的词要远远多于英语、法语，即使是用纯粹意译法引进的外来词也同样具有这种特点。如"kangaroo（袋鼠）"这一来自澳大利亚的英语词从语音角度看，并不包含任何能够表明其实质内容的形象信息。但译成"袋鼠"以后，这个词就包含了"口袋"和"老鼠"这双重意义，对于没有见过这种动物的中国人来说，袋鼠的模样大致也能猜着几分。

与欧美外来词的情况相似，佛教词语也是经历了中国化而得以在中国本土立足的。而这些手段不外乎对词语的形、音、义方面的改造。比如，为了减少多音节梵语音译词阅读时的麻烦与拗口，有些音译词采用省音译法，将多音节佛语词缩略为单音节或双音节，使之更接近汉语词语的特性。例如：

伽蓝：sangharama 原译为僧伽蓝摩，简称伽蓝，指出家人共住修行的园林、道场，也即寺庙。

达摩：bodhidhanna 的音译，原为菩提达摩，简称达摩，南天竺僧人，被尊为中国禅宗的初祖。

佛：buddha，全译是佛陀，省译作佛，意为觉者。

禅：dhyana，音译禅那，简作禅，意为静虑。

昙花：udumbara，原译作优昙钵华，简作昙花，意思是祥瑞灵异。

和尚：古印度称师长为 upadhyaya，音译为鄔波陀耶或郭波遮耶，省音为乌社、和尚。

钵：梵语网 tra 的省音译，意为盂，合称钵盂，是和尚用来化缘的食器，也是和尚随身携带的"六物"之一。

菩萨：梵语 bodhisattva 的省音，意为"觉有情"，是大慈大

第七章 汉语词汇与中外文化交流

悲、普度众生的大乘精神的象征。

这些省音之后的佛教词脱去了大部分的外来色彩,看起来颇有汉语词语的构成特点。其中有些词语还将音译与意译合为一体,更接近汉语复合词的构成形式。如"钵"(音译)与"盂"(意译)合称为"钵盂";"偈"(音译)与"颂"(意译)合称为"偈颂",用的是复合词的联合式构词法。而以"佛"为词素构成的偏正式词组就更多了:佛祖、佛门、佛宗、佛戒、佛法、佛骨、佛心等,已是大众所熟悉的词语了。

当然,纯粹的意译词不仅更符合中国人的阅读习惯和民族心理,更有利于佛教的深入人心,而且也体现出译者对于佛经的深刻理解与译法的高妙,这是非常不容易的。例如:

地狱:本有两种音译名,一是泥犁,意为没有喜乐;一是捺洛伽,意为不得自在。后按汉语习惯意译,"地"有底下的意思,"狱"则有拘留之意。地狱为六道轮回中最下劣、最惨苦的所在。

业根:梵语 karma,意译为"业",泛指一切身心活动。"根"从梵语 indriya 而来,意为"能生",一般指耳、目等感官,合称"六根"。"业根"之"业",偏重于指恶业,所以"业根"一词意为引生恶业之根。

慈悲:"慈"是梵语 maitu 的意译,"悲"是梵语 karuna 的意译。慧远《大乘义章》:"爱怜名慈,侧怆曰悲。"因缘:"因"是梵语 hetu 的意译,"果"是梵语 Pratyaya 的意译。汉语原有"因缘"一词,是机遇的意思。佛家的"因缘"指的是凡事皆由因缘和合而生。"因缘"便有了双重含义。

因果:是原因和结果的统称。佛家认为有因必有果,有果必有因。种善因必得善果,种恶因必得恶果。

烦恼:梵语 klesa 的意译,指扰乱身心的作用。

轮回:梵语 sainsara 的意译,指众生在三界六道中重复生死,如车轮回转不已,所以称轮回。

这种意译法所创造的新词在外来的佛教用语中占了相当一部分,由于它们完全汉化,意义鲜明,故很容易地成了汉语的日常用语。

还有一种对外来词进行中国化的手段,就是用中国原有事物作比拟，在原有的汉语前加上表示外来意义的词素，如"洋钱""洋灯""洋货""洋车""洋枪""洋伞""洋葱""洋文""洋火""西餐""西装""西洋参""西乐""西历""西红柿""西兰花""番椒""番饼""番菜""胡椒""胡麻""胡豆。"这里的"洋""西""番""胡"均表示"外来"之意。对于中古西域流传进来的一些矿石、宝玉、乐器、植物，即使难以意译，也要寻找一些既符合语音，又能跟汉字的造字方式相联系的词。比如"木"旁或"草"字头的"葡萄""苜蓿""石榴""菠菜"；"玉"字旁的"玛瑙""玻璃""琥珀""珊瑚"；"竹"字头的"箜篌""隼篥"等。这些外来词充分体现了汉字形声字的特点：一部分部首表音，一部分部首表类。即使不知"苜蓿"为何物，也知道它们大致和植物有关。

现代汉语中，大部分化学元素的名称都属外来词，由于运用了形声字的造字方式，便产生了大量与金属、气体有关的化学新名词，进入了汉语词汇体系中。在汉字书写形式的掩盖下，这些外来词也被定型，表面上看很像是汉语固有的词语，可见词形因素在民族的认同心理上所具有的重要意义。

汉语对外来词的这种消融力古今一贯，两千多年来形成了一种统一的趋势，即音译词如果音节太多往往要受到简化；即使是音译词，其写法也尽量符合汉字的形声、义符的规则；如果音译词意义不明，往往要加入意译成分；意译词比音译词更符合汉语习惯，最初的一些音译词往往都被后期的意译词所取代；同是意译词，通俗易懂地往往取胜。比如佛语中的"魔"字，是梵语 mara 的音译简称，最初写作"磨"。根据传说它是一个与释迦牟尼作对的恶神，南梁武帝将其改作"魔"，从"鬼"，使其得以归类。现代的"telephone"一词初入中国时被译作"德律风"，但不久即被"电话"所代替了。当代外来词中，音译词"因特网"逐渐被意译词"互联网"所代替也是一例。

由此我们可以看出，汉语在历史上固然也曾多次受到各种外来文化的撞击，但对于吸收外来语却一向采取比较审慎的态度，而且在处理上，大多要经过一番消化之后尽量采取意译的方法。由于汉字造字的表意性与汉语词语造词的理据性特点，对于通晓汉语的人来说，多数字、词不仅是音节的书写符号，而且也是某种意义的标志，可以"睹形悟义"。所以每当新词出现时，人们总习惯地期待着能够对它顾名思义。在这种情况下，像"哀的美敦书""士敏土""苦跌打""狄克推多""白脱""德谟克拉西""赛因斯"这样的纯音译词就显得怪诞而难以捉摸，

第七章　汉语词汇与中外文化交流

最终不得不让给"最后通牒""水泥""政变""独裁者""黄油""民主""科学"这些意义一目了然的意译词了。

不过,在国际文化交流日益频繁、科学技术高速发展以及国民外语水平大大提高的今天,外来词的形式更日趋多样化。人们一方面在为外来词寻找着合乎民族语言习惯的表现形式;另一方面似乎也开始不太介意直接借用外来词的语音形式。为了方便、准确,人们甚至不惜"拿来就用",将西方拼音字母与汉字夹杂在一块儿使用。这不仅是当今的一种时尚,而且也代表了我们这个时代的某种特点:高速度、高效率,个性化、多样化和国际化。

参考文献

[1] 常敬宇.汉语词汇与文化[M].北京：北京大学出版社,1995.

[2] 楚艳芳.汉语饮食词汇研究[M].北京：中国社会科学出版社,2017.

[3] 冯凌宇.国际汉语词汇教学实践研究[M].北京：中央民族大学出版社,2018.

[4] 冯凌宇.汉语人体词汇语义多视角研究[M].北京：中央民族大学出版社,2018.

[5] 何丹,方柯.汉语文化学[M].杭州：浙江大学出版社,2003.

[6] 黄方方.跨文化汉语词汇教学研究[M].昆明：云南人民出版社,2015.

[7] 蒋冀骋.近代汉语词汇研究(增订本)[M].北京：商务印书馆,2019.

[8] 蒋荣.基于社会文化理论的汉语学习者词汇习得研究[M].北京：北京语言大学出版社,2013.

[9] 孔刃非.汉语文化学[M].北京：中央文献出版社,2007.

[10] 李润桃.汉语词汇与传统文化专题研究[M].郑州：中州古籍出版社,2009.

[11] 刘婧.中国传统文化视野下的汉语研究[M].北京：北京理工大学出版社,2017.

[12] 刘晓梅.笃行华文·专业汉语系列 应用现代汉语词汇学[M].广州：暨南大学出版社,2018.

[13] 娄秀荣.对外汉语词汇教程[M].延吉：延边大学出版社,2018.

[14] 卢惠惠.现代汉语词汇学[M].上海：学林出版社,2011.

[15] 马丽.中古汉语称谓词交际功能研究[M].杭州：浙江工商大学出版社,2019.

参考文献

[16] 莫彭龄. 汉语成语与汉文化[M]. 南京：江苏教育出版社，2001.

[17] 牟文波. 跨文化视角下对外汉语词汇教学认知研究[M]. 长春：吉林大学出版社，2018.

[18] 逆郭锦桴. 汉语与中国传统文化[M]. 北京：商务印书馆，2010.

[19] 彭金祥. 汉字与中国传统文化[M]. 成都：电子科技大学出版社，2017.

[20] 盛译元. 美国高校汉语教材研究[M]. 北京：中央民族大学出版社，2018.

[21] 万艺玲. 汉语词汇教学[M]. 北京：北京语言大学出版社，2010.

[22] 汪大昌. 语言的历史文化分析[M]. 合肥：安徽教育出版社，2015.

[23] 王国安，王小曼. 汉语词语的文化透视[M]. 上海：汉语大词典出版社，2003.

[24] 王希杰. 汉语词汇学[M]. 北京：商务印书馆，2018.

[25] 王衍军. 汉语文化词汇概论[M]. 北京：清华大学出版社，2014.

[26] 蔚琼，龙洁虹. 现代汉语词汇认知与运用的系统性探究[M]. 北京：中国书籍出版社，2018.

[27] 吴芳. 先秦汉语时间词汇形成发展的认知·文化机制[M]. 北京：中国社会科学出版社，2014.

[28] 谢华，黄一川. 汉字汉语汉文化[M]. 南昌：江西教育出版社，2018.

[29] 杨琳. 汉语词汇与华夏文化[M]. 北京：语文出版社，1996.

[30] 张玉梅，李柏令. 汉字汉语与中国文化[M]. 上海：上海人民出版社，2012.

[31] 郑铁生. 中国文化[M]. 上海：上海外语教育出版社，2011.

[32] 周光庆. 汉语词汇认知文化机制研究[M]. 北京：商务印书馆，2012.

[33] 訾韦力. 服饰文化与英汉语汇[M]. 北京：企业管理出版社，2015.

[34] 陈梓溪. 基于泰国文化特点的汉语词汇教学策略[J]. 散文百家，2019（06）：206-207.

[35] 甘江林. 文化定式与对外汉语词汇教学[J]. 文教资料，2019（20）：47-49.

[36] 郭伏良,涂佳楠.建国以来茶文化与汉语词汇的关系研究[J].福建茶叶,2018,40（06）:375-376.

[37] 郝韶瑛.汉语词汇语言符号特点和文化内涵解析[J].大观（论坛）,2019（01）:195-196.

[38] 洪鸣源,叶晗.基于文化心理学视角的泰国汉语词汇教学顺序探究[J].科教文汇（下旬刊）,2020（12）:63-64.

[39] 冀文秀,黄文卫.对外汉语词汇教学中隐形文化词及其教学策略研究[J].汉字文化,2021（24）:88-89.

[40] 姜守阳.茶文化对现代汉语词汇的影响探究[J].福建茶叶,2021,43（06）:262-263.

[41] 焦璐雁.对外汉语文化词汇的教学研究[J].山西青年,2018（11）:89.

[42] 柯慧俐.文化视角下对外汉语词汇教学策略研究[J].汉字文化,2019（10）:52-54.

[43] 柯慧俐.在对外汉语词汇教学中文化负迁移的影响作用分析[J].陕西教育（高教）,2020（02）:14-15.

[44] 刘杨肖.对外汉语高级阶段文化词汇教学研究[D].陕西师范大学,2019.

[45] 陆森焱.汉语词汇语言符号的文化内涵解读[J].中国民族博览,2018（07）:118-119.

[46] 潘芮莹.关于跨文化交际背景下英语对汉语词汇的影响分析[J].智富时代,2019（03）:235.

[47] 王晓庆.社会文化理论在对外汉语词汇教学中的应用研究[J].长春师范大学学报,2021（07）:167-170.

[48] 杨洁.对外汉语词汇教学中的民俗文化导入[D].西安建筑科技大学,2019.

[49] 余功一.对外汉语中饮食类文化词汇研究——评《汉语饮食词汇研究》[J].食品工业,2019（09）:337-338.

[50] 张岩,薄彤.中医汉语词汇的对外汉语教学策略研究——以观念文化词汇为例[J].教育教学论坛,2018（21）:92-93.

[51] 周媛.汉语词汇的文化因素探究[J].长春工程学院学报（社会科学版）,2018（03）:79-82.

[52] 朱海娟.英汉语词汇文化内涵异同与英语教学[J].文理导航（上

旬),2019(09):34+49.

[53] 朱怡霖.婚俗文化与对外汉语词汇教学[J].汉字文化,2021(17):141-144.